优雅的节点

罗思／著

北京时代华文书局

“我问她什么叫魂，她就说是一个人身子里全部的东西。”

罗思这个天鹅一般的女人，来讲电影、小说、时尚与风格是再合适不过。这位电影学院的老师自己就是优雅的，每一次见她，都很惊艳。她推崇的女性之美，包含了时光，却更经久，而非短暂的流行。在如何变美这个话题上，她给出的建议就呈现了一条通向优雅的路。

——出版人 陈垦

曾经我们对于优雅的理解都太流于表面，这本书则一语道破真相——优雅不是让你成为他人，优雅是圆满自己。

——作家 苏芩

罗小姐的优雅是一种扑面而来的气息，令人不经意间想去观看每一个细节。作为一个电影人，罗小姐也总是能穿越时空将过去某个节点与当下产生联结，让时光美好，优雅再现。

—— 书法家 许静

优雅是个迷人的颠倒众生的词汇，不不不，不是词汇，是渗入女人骨髓的气息，或者说，是灵魂的摇曳……算了，词穷，还是看罗小姐的书吧。

—— 导演 高群书

罗老师本尊就是优雅的代言人。每一个见过她的人都确信无疑。关于《优雅的节点》这本书，无论她写什么我都相信。

—— 出版人 路金波

罗思的文字优美而克制，看似在谈时尚，谈优雅，其实是在谈人生的原则和方向，对每一个女人都有用。

——《嘉人marie claire》杂志主编 杨红鹂

罗思的优雅，体现在她的日常生活中，她的衣着打扮，举手投足，甚至一个眼神，都让人着迷。她的文字同样令人着迷，娓娓道来，透着女性高贵雅致的气质。读她的书，是读一种情怀，品味别样的人生。

——作家 李西闽

在这本书里，罗小姐写了林青霞、张爱玲、黛安娜……一个个香气满溢的名字。这些文章是需要细细品的，不适合着急的人和聒噪的时刻。

——畅销书《精进》作者 采铜

电影导演的天赋就是，还原生活的同时，让你思考生活。这是罗小姐的又一个剧本，阅读者对角入戏吧！

——中央电视台主持人 李佳明

序

优雅
最好的样子

此时此刻，我正坐在一辆疾驰的汽车中，为打开这本书的你写下这则开篇。

也就在此时此刻，电影短片的后期工作正在进行中，剧本还等着我来修改，众多烦琐的事宜像一张无边交织的网络，而我选择将时间交给你，停下来，我们喝杯咖啡，聊一会儿。

优雅是何物?

如同此刻我正在聆听的巴赫，优雅中深藏着一种节律，这两个字不简单，它意味着要保持节奏，然而你的节奏中必然有一种律动，给人美好的感受，这恐怕就在接近优雅。

我深爱二十世纪二十年代和五十年代，还有一去不复返的民国，端详那时候的人和物，无论设计还是生活，无论下午茶还是午夜小酒，都在节律之中流动。

海明威说巴黎是流动的盛宴，大概意味便是如此。

是的，优雅就是这样的一种流动，有一些人，有一些事，看来跟其他世间的存在没有太多的区别，但他们的确不一样，只要他们经过你的生活，一切都在律动并且找到了某种内在的节奏，他们的行走仿佛伴随着优美的旋律，他们的举手投足好像是清风拂面，他们的微笑是动人的温暖，就好像置身全然不同的世界。

不知道你有没有伫立在十字路口端详过那些来回行走的人，有的垂头丧气，有的眉头深锁，有的不知所措，有的优柔明媚，不在于那张脸庞是否微笑，这其中的差距只是对这一天是否怀着热烈的信念。

那些拼命穿着“恨天高”却因脚踝无力膝盖变成“塌陷小山坡”的女生，她们不会比那些穿着平底鞋抬头阔步大方出发的女生好看。

优雅不是某种特指，它不是说你一定要挎着Chanel 2.55，一定要穿着Dior套装，也不是一定要戴着Hermes丝巾和“鸽子蛋”在阳光下闪耀。

或许白T恤和牛仔裤，再加上一双芭蕾平底鞋，就是优雅最好的样子，这其中的分别，只在你自己。

我曾经有一柜子小黑裙，打开衣橱感觉可以随时去参加晚宴和英国人的葬礼。

我也曾经没有日夜地跟高跟鞋做斗争，用我十个脚指头伤痕累累地去驯服那一双双美妙的“蜿蜒”。

这些不过都是行走在优雅路上的插曲。

终有那么一天，我发现优雅就是缓如清风。

在巴黎市政厅旁的街头咖啡店，我一坐就是几个小时，看男士的手提公文包和他们的围巾颜色搭配得天衣无缝，老太太们的鲜亮平底鞋点燃生命，用谨慎低跟鞋温柔地行使着她们作为女人的特权。

纽约的大都会博物馆的特展厅，几位身着Chanel套装、黑色低跟鞋，拎着菱格纹手袋的老太太，在一幅幅作品前伫立，缓缓前行，相互低语，全然沉浸于时光和岁月带给她们的一切。

于我而言，她们是真正了解优雅的人。

向来以为，皱纹并不是女人的噩梦，岁月也不是，智慧和轻盈就在那里面，我希望皱纹中不要只是存着眼泪和焦灼，那会让你看上去有些沉重。

三十七岁，快乐于我而言是眼泪的面具，是短暂的晴空；

悲伤是温热身体的拥抱以外，永恒的河流；

公正是规则的硬币；

不公常有，不过不要将它作为世间存在；

爱是能量，是光芒；

和平是边界温暖；

坎坷是花朵，通常陪伴在最坚毅的人身旁；

宁静是湍急河流涌动之后的回望；

终生不息，奔跑如常。

人生到此，三个十二年的轮回，仿佛一切——

启幕，如初。

而愿你，也与我一样，在时光中逐渐寻到优雅最好的样子。

目　录 — *Contents*

Chapter 1／优雅的节点

Chapter 2／你的搭配不会叛变

Chapter 3／腔 调

Chapter 4／女神的圆满

附

要做好女人，首先就需要了解，最重要的永远不是衣装，而是你的内心。

Chapter 1 / 优 雅 的 节 点

我自己决定想成为谁，这就是我。

一个女人应该拥有两件事：她自己，和她想成就的。

——香奈儿

优雅是一个人带给他人的某种特有的氛围，这种氛围中笼罩着节奏、美和完整的画面。

优雅的节点

常有人问我优雅是什么？这个问题的答案不容易出现，因为优雅所涵盖的确实辽阔，但我十分肯定，优雅是一个人带给他人的某种特有的氛围，这种氛围中笼罩着节奏、美和完整的画面。

就像保罗·莫朗笔下的香奈儿小姐：“那是她唯一的正常步调，从各种意义上来说的‘步调’——生理的步调与心理的步调。正如马术中所指的马的三种步态；也如狩猎中所指的鹿的行踪，即鹿的‘折枝踪迹’，也就是鹿经过树丛时的路线及其弄断的树枝。”

是的，优雅的人都有着相似的步调，这使我们觉得它有迹可循，但往往大多数人跟随着踪迹寻到之物不外乎就是几件单品的组合和一瓶香水的名字，然而却依然在优雅之外。

当奥黛丽·赫本端坐在罗马共和国广场俏皮地吃着冰激凌，当张曼玉身着紧贴身体的旗袍走下香港狭窄的巷道满腹心事地伫立在馄饨摊旁，没有人怀疑她们是优雅的存在。不过我们可以试想将画中人逐一调换的结果，不用多说，这种美好的氛围就像梦境初醒一样破灭。

其实我们越来越接近优雅的实质，即优雅原本便有它的节点。不是衣装的品牌，不是零碎的当季推荐，不是奇幻的混搭方法，你只需静下来细细回味我即将说到的这些，再对照那些优雅的女人一一端详，或许你会发现优雅是一个内里的能量，它有关节，有血肉，有灵魂。

藏露之间

在世界美的境遇中，有两抹隐秘又华美的色彩，它们对人的吸引毫不依靠暴露，相反，是将身体严谨地包围。这种令人恍惚的欲盖弥彰使得无数人为其迷醉，它们便是——和服与旗袍。它们（这里所指并非现下紧缩三围故意彰显身材的款式，早期的旗袍剪裁随身却不刻意强调女性曲线）不似西方新样式以三围比例来塑造女人，而是在隐约恍惚中营造丰盈的视觉质感。

女人的脖颈是脊柱向上的延伸，作为你身体坚定的联结，它又多了几分柔软与妩媚，这样软硬兼施的美才是它真正迷人的来源。一个转身，一次回眸，一个低眉的浅笑，一次傲人的抬眼，都是因它才生出万种风情。

在东方人衣着的视野里，“藏”与“露”是两剂性感良药的必备配方，所有女人身体的秘密都被它们在半推半就之间送到男性的眼前，而驾驭这柔情万种，需要的不是“酥胸”，也并非过于纤细的“水蛇腰”，如果你细细品鉴其中滋味，便会察觉真正的法门是在于脖颈的曲线。

女人的脖颈是脊柱向上的延伸，作为你身体坚定的联结，它又多了几分柔软与妩媚，这样软硬兼施的美才是它真正迷人的来源。一个转身，一次回眸，一个低眉的浅笑，一次傲人的抬眼，都是因它才生出万种风情。《花样年华》中张曼玉旗袍的领口都被加长并添加了内里作为定型，就是为了使这曲线感完美表现；而艺伎在露出的脖颈后画上“三足”，刻意留白，也是将这片遐想发挥到极尽。

所以对于女人来说，保持这样曲线的美感则是优雅的要义之一，因为它是关乎你尊严的支柱。

当岁月的潮汐袭来，不要让它甘愿垂落，也不要让更多的皱褶掩盖它的光泽，轻易地暴露了你与时间的秘密，而更重要的则是永远似穿着旗袍的女人一样，挺直了这段延长的曲线，在悠长的人生路上随时给出一次明媚的回眸。

Clavicula

如果说女人的背脊就如山峦般起伏，那么在这山峦间的浅湾则是令人百般流连的美景。

拉丁语中的“Clavicula”，就是这湾美景分割线的名字，它叫锁骨。它的名字会意般来源于奴隶社会，那时为了防止奴隶逃跑，用绳子或锁链穿过肩上这块骨头下端将人拴住，而如今在世事流转中，这段“S”状弯曲的细长骨已然成为美的代名词，性感的两侧分割开肩部的流线，是优雅中必不可少的视线交点。

而真正所谓的“优雅浅湾”，则是在你咽喉之下与锁骨之间的这片柔软凹陷，它的学名叫作“脊上凹口”。《英国病人》里艾玛殊轻柔地用手指拂过爱人凯瑟琳的锁骨，这个女人与他有最深重的灵魂之交，他知道她是别人之妻，唯一索求的便是在她身体上这片凹陷，他将之命名为“艾玛殊海峡”，宣称为他所占有。

时尚流转中无数变幻，却没有一位设计师愿抛弃这湾浅滩的秘密，你去留意那些永恒的小黑裙，还有每隔几年就会风靡一次的“男友风”衬衣，不都是为它留出了表达的余地吗？那些美得使人迷醉的女人们，不都是将这一片凹陷恰如其分地留给她身旁的人们?

走在优雅路上的女人们，留点时间给夜晚的自己，伫立镜前细细地端详这上天赋予的“沙漠绿洲”，保持你的身材在能显露它的状态，继而，用你的衣装和饰品精确地将它描述，让它的诱人光彩来照亮你通往优雅的路途。

耳饰、锁骨链都会是Clavicula最好的伴侣，它们会相互照亮，构成你脖颈处优雅的三角地带，若有必要，某些品牌的定格身体香膏会帮到你的忙。

只要你关注，不忘记它，它会贡献出你优雅的那一份。

低纬度优雅

虽然赫本穿着平底鞋的优雅迷倒众生，但谁也不能将高跟鞋从自己的衣橱里通通拿掉。

高跟鞋，如是女人腿部的延长线，微妙地调整你的身体比例，即便它带来各种隐患，甚至需要用时间和经验来“降服”。也难怪《欲望都市》里Carrie

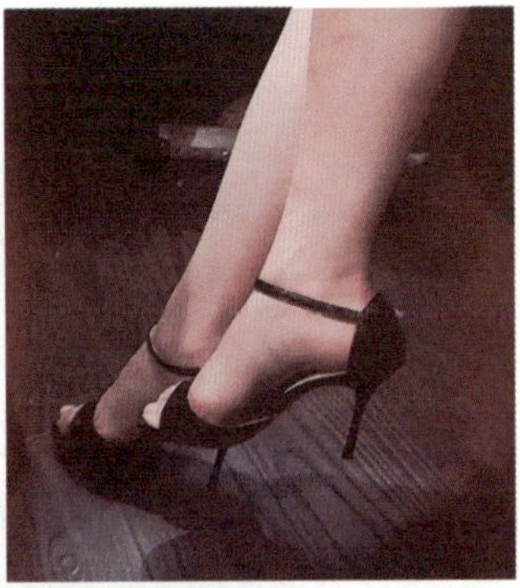

我还是偏爱五厘米的跟高和柔软而坚定的眼神，那是无法抗拒的美好。

真正的优雅来源于内在的养分，而不是外部的某些可被标识的货价，就如Coco Chanel所言："女性往往喜欢盛装打扮，却一直离优雅很远。"

Bradshaw说，如果在大街上遇到劫匪，宁愿舍弃全部金银钱财，也不愿被抢走脚下的一双Manolo Blahnik高跟鞋；而Jimmy Choo成立不到二十年，已然成了奢侈品市场的中流砥柱。

女人的欲望是个无底洞，设计师也在形态和鞋跟上下足了功夫，然而问题接着就出现了，鞋跟越来越高，可到底怎么穿才是优雅呢?

你是否也在十字路口遇见过穿着美妙却膝盖“塌方”的女人呢？她们身体的“天梯”看似婉转悠长，却在膝盖处有一处不慎地突出，仿佛蜿蜒延绵的河流中横亘的岩石，每每迈步行走，脚下步履万千优柔，却让人禁不住往上看。这并非她们不想做到完美，而是脚踝的力量不足够支撑，膝盖则惯性地毫无控制地向前突起，再加上腰部放松，原本被高跟鞋提升的身高一秒回到原形。

优雅地与高跟鞋同在，逃离“塌方”的“之”字形腿型，重点在于你腿部与脚部的连接点——脚踝。就如同所有高级的美都源于保留一样，最完美的步态来源于控制。当你穿上高跟鞋，记得站在镜子前看看自己的双腿，不要让它们闲散游荡，也不要过于紧绷，用脚踝的力量与放松的脚趾去撑起你的那片华丽。优雅便是收敛，便是了解你的身体与美的关系。

低纬度优雅，便是寻找到你最合适的纬度去诠释你的身体，用你可以掌控的方式去把握你的高跟鞋，你的衣服和你的生活。

一切都有迹可循，如果你希望拥有一双坚实有力的脚踝，让“恨天高”完美拦住你想要向前冲的膝盖，练习便是优雅的前提，每天坚持提起后跟，高跟鞋最终会向你的力量妥协，它会为你倾倒，服从你所有的表达。

不过我还是偏爱五厘米的跟高和柔软而坚定的眼神，那是无法抗拒的美好，不过分，不妥协，也毫无夸大其词。

真正的优雅来源于内在的养分，而不是外部的某些可被标识的货价，就如Coco Chanel所言：“女性往往喜欢盛装打扮，却一直离优雅很远。”

无论你牢记多少关于优雅的定律，不要忘记，当你傲然穿越人群或是深邃地回眸，你的身体总会泄露你和优雅的距离。

一个女人的尊严

某个午后，在一间营业额颇高的百货楼吃下午茶。平日里写作积攒的习惯便是从来不肯停息地想要看看周遭的人和事，不远处的一对母女很轻易地夺了我的目光——一眼便知母亲是知识分子家庭出身，穿着干净利落没有夸张修饰，除了手袋应当是女儿赠给的奢侈品；女儿大概三十二到三十五岁，浅色衣裙，有些轻松的优雅，长长的直发还有一丝清新的美。只是，这一切在我不经意往桌下看的时候出现了纰漏。这位优雅的女人恐怕是逛街太过疲累了，下意识将她的脚从平底的船鞋中抽了出来，白皙的脚面整个露在空气中。由于餐桌下半部分并无遮挡，这一举动同桌上的那种优柔的美丽真是形成天壤之别，使人一时间不知要怎样来组合这上下的两部分，或者抛弃其中一半，忘掉另一半。

无论我的同理心如何告诫我，我的记忆总是不听使唤地回到那尴尬的一瞬，使我不得不为那位精心打扮之后陪母亲逛街的女人有些心生惋惜。

我们常常谈到一个女人的美，不是单纯限于她的五官轮廓，也不会仅仅提及她的手袋与衣裙。从一个低头，一丝笑意，一缕裙摆，到你浑身上下每一个细微的物件，每一天，你都在用自己的一切向这个世界展示着你的定义。

这就是我们女人生活中常常面临的问题，有些看似轻微的细节，它会轻易地暴露你心中对于周遭的忽略和不关注，抑或暴露你的自律与节制力。而就在这简单的一刻，你的忽视会成为生活中他人忽视你的理由。或许你会说，有这么严重吗？可我还是坚持要告诉你，这是一个女人的尊严。

什么是一个女人的尊严？

常听人道女人的尊严便是同男人均分这世界，将两性的位置用天平摆正就能抵达彼岸。可我倒觉得，女人的尊严与男人无关，女人的尊严是尽全力守护上天赋予你的美感，是用时间与岁月来证明这个世界对于女人的选择。它不是豪夺强取，不是优柔寡断，它是对于你所营造的优雅感官的捍卫，它是保留在你身体与心灵深处的一份对于生活的坚持。

节制，这两个字几乎垄断了世上所有的美感。真正的美，定有边界，有限制，有约束，亦有余留。

1788年，阿道夫·弗莱尔·冯·克尼格男爵出版了一本名为《关于人际交往》的小书，书中介绍的社交场合与日常生活中应当注意的行为举止，两百多年来，一直是人们遵循的准则。虽然随着我们生活的便利与社交法则的更替，有些烦琐的细节已经变化或消失，可就我们根本的人生而言，即使法则变化了，它依然存在。

不要在公众场合随意脱掉鞋子，即便如今有许多类似拖鞋的款式，但你是否穿着它仍然很容易被辨识；不要忘记打理你的指甲，我这里并非要求你每周换个颜色，而是保证它的清洁与整齐，不要让它轻易泄露了你的大意；不要在公众场合大声讲话，虽然或许你并不介意周围人听到你的人生秘密，可这种行为的本身便是对周遭的无所顾忌；不要随性穿着与喷洒香水，首先考虑今日的主题与环境，让自己过分出挑有时只会带来哗众取宠的效果。

Coco Chanel每天到她店里的第一件事，便是检查所有营业员的手指甲和香水味。Chanel 2.55的热潮为什么到今日还在疯狂地上涨，除开有许多不明原因的追捧之外，最重要的就是这位初创设计师对于完美与细节的尊重，所以世界还给她的，便是对于她所缔造的品牌的尊重。

就像旗袍领口的那颗盘扣，即便是再炎热的天气亦不可解开，为什么？

这是一个女人最基本的尊严问题。

女人的尊严与男人无关，女人的尊严是尽全力守护上天赋予你的美感，是用时间与岁月来证明这个世界对于女人的选择。它不是豪夺强取，不是优柔寡断，它是对于你所营造的优雅感官的捍卫，它是保留在你身体与心灵深处的一份对于生活的坚持。

THE
GRAND
BUDAPEST
HOTEL

何为风格?

它不仅仅是一件衣服而已，更是举手投足的每一个分寸细节，从你的皮肤到你的姿态，从你的言行到你的教养，它是一个女人带给旁人的全部内外体验的综合体，是你征服周遭的有力武器。

Diana Vreeland说，风格就是一切，是你每天奋斗的目标，这是种生活方式，除此之外，别无所求。

当我们谈论Lady时，我们在谈论什么

工作日的黄昏，一身休闲装素颜出外散步，沿途有一个词频繁出现在我耳畔。无论是路旁随意拦截行人的推销专员，还是美妆店的导购；不管是餐厅的服务生，还是报刊亭的老板，每当我与一个需要表达他服务热情的人相遇，仿佛这两个字就是屡试不爽的法门，如果有人发明一项随身携带的词汇计数器，那么它一定在每天的词汇频率排行榜上名列前茅，那就是——“美女”。

不知你是否也有这样的感受，这个看上去无关大雅，听起来不过是表达人们恭维美意的称谓，在频繁地甚至没有选择地千万次出现之后，每每听到总让人有种被打折甩卖的廉价之感。因为它的出现是以另一种对女人尊敬致礼的称谓的“半退休”作为充实基础的，那就是“小姐”，即在英语环境我们常用的“Lady”。

当我们说到“Lady”，你首先会想到谁？是《唐顿庄园》的Lady Mary

Crawley，还是《广告狂人》的Betty Draper；是那个奢华直至被推上断头台的皇后玛丽·安掩瓦妮特，还是二十世纪风华绝代的The Little Black Jacket设计师Coco Chanel；是《欲望都市》的Carrie Bradshaw，还是《花样年华》的苏丽珍？

翻开字典，“Lady”被释义为举止文雅的女子，淑女。我们最常听到的便是它与“Gentleman”并列相行出现于各种仪式、酒会、重大发言场合的开端，宣告着这个世界最早对于女性的认可与尊重是从教养雅致、大方得体的淑女做派开启的。它其中某种庄严的仪式感，督促和提醒着女人同这个世界相处的方式。而在当下，这种仪式感，这种尊严与方式正在可怕地消失殆尽。

如果将“Lady”视作一只股票，它向来是“高开高走”的典型。

1860年的女人们，从清晨到入夜有六套行头是必须备齐的：A morning gown，用于晨起洗漱用餐家庭内活动；A suit for morning shopping，用于上午出外购物活动；An afternoon dress，用于午餐；A tea gown，用于下午茶聚；An evening dress，用于晚宴正餐及相关聚会派对；Ball gowns or Opera dresses，用于舞会、酒会及歌剧院活动。烦琐的更换与对细枝末节的考究不仅是教养与身份的彰显，更是表达对于场合与时间的敬意。

但我们不得不悲哀地承认，现下它的“股值”无疑已跌至史上最低。如今，复古潮流的大肆流行，名著翻拍一再上演便是这一现实的最佳映衬与说明。

那么，在这个充斥着“贬值”的时代如何能做回真正的“Lady”？

如果要我给出最简要的建议，那么只有两个字——风格。

何为风格？

它不仅仅是一件衣服而已，更是你举手投足的每一个分寸细节，从你的皮肤到你的姿态，从你的言行到你的教养，它是一个女人带给旁人的全部内外体验的综合体，是你征服周遭的有力武器。

在肯尼迪大选的最后结果尘埃未定之时，杰奎琳·肯尼迪虽然内心自觉不妥，但还是写信给当时的时尚偶像Diana Vreeland讨论在宣誓典礼上如何穿着的问题，她说：即便我的丈夫是个窝囊废，我也要憧憬。历史没有亏待她，重新改造的豪斯顿药盒帽入选，杰奎琳高雅的穿衣风格与出众巧妙的配饰搭配也从此成为美国时尚的风向标。

撞衫是一门学问，就像做女人一样。这世界上有万千相似的女人，可纵有余味的也不过就那么少许，有没有想过，为什么？

我们常常谈到一个女人的美，不是单纯限于她的五官轮廓，也不会仅仅提及她的手袋与衣裙。从一个低头，一丝笑意，一缕裙摆，到你浑身上下每一个细微的物件，每一天，你都在用自己的一切向这个世界展示着你的定义。

纵观二十世纪风华百年，众多当初的色彩斑斓最后都成为过眼云烟，唯有那些真正成型的风格永恒地留在我们女人时尚参考的名单里。

Coco Chanel说，流行稍纵即逝，风格永存。

Diana Vreeland说，风格就是一切，是你每天奋斗的目标，这是种生活方式，除此之外，别无所求。

中国有句老话叫作余音绕梁，回味无穷。我想，这或许是风格最为极致的定义。

众人都说怀念过去的好时光，其实好时光是常在的，过去终究是过去，在一切飞速前行百年之后，我们便又成为所谓的“过去”。

亲爱的女人们，任何时代都可以做“Lady”，我们要做好的就是修炼自己，完整这风格的一课，留给下一个世纪。

每个瞬间都是永恒

爱上探戈，不为一时兴起或是保持身材，而是因为它每一次律动里都是爱情。

男人和女人，在拥抱里觉察对方的思索，前进、停顿、后退，或是旋转。就如同在爱意里的彼此，试探、体察、觉知，最后靠拢或者分离。

真正的探戈舞者不是“外貌协会成员”，而是“拥抱检查专家”。他们会分辨那些最热烈最真实的怀抱，不用言语，只需待音乐响起，缓缓靠近的两个身体。

同一首曲子，在不同的夜晚，与不同的人，会有千差万别的旋律感。就如爱，即便谈过上百回，它也不会相同。

有完美的爱情存在么？用一句英文回答最确切：It depends。看时机，看风景，看你，是否在那一刻有了与风景共舞的心情。

有人问我最完美的两性关系是什么，我说，有时燃烧，有时安宁，有时凝望，有时孤独。

探戈到底是什么，其实在对探戈的理解当中，都会有一种难以描述的误解，就是我们的社交舞当中的探戈与真正的阿根廷探戈有着绝对不同的区别和差异。博尔赫斯曾经说过，探戈是孤独者三分钟的爱情，当每一段舞蹈开始到每一段舞蹈结束，当男人和女人相拥而至，行走在音乐与情绪之上，让那些看似安宁的激情慢慢地随着一个一个音符迸发出来，我想这就是探戈真正的内心表达。

探戈像一种仪式，每当夜幕降临，幻化去白日的笙箫与杂陈，这时候音乐缓缓传来，像是恋人的爱抚，又像嘶哑的诉说。在换上舞鞋之后，才能够平复心中的烦琐，这时候灯光昏黄如同烛光闪烁，当那个拥抱温热地来临，世界成了过去，而脚下的此刻才是现实。地板上有人生与爱的灼伤，在无数的轨迹之后，你的足尖与他的足尖在拥抱与分离之间感受着某种永恒的痛感和哀伤。

探戈有着自己的语言，而在这套语言当中，我们能看到的其实是丰富的身体与精神的交流，每一曲都是同这个夜晚的交汇。探戈在音乐之间，也在音乐之外。那些莫名的情感与节奏融合在一起，从身后拥抱你的双手，凝结着温

柔的纠缠。每一个探戈都可以被跳一万遍、十万遍，而每一曲探戈每一次跳都会有完全不同的直觉。探戈就像某种预言，在繁简幻化之间，勾勒出人生的线索。如果你能坐在舞池边观看，那你就能看到整个人生：这里面有的沉静，有的喧嚣，有的欢颜满面，有的眉头深锁。每个人的故事都是一本书，每个瞬间都是永恒。

卡洛斯·绍拉被称为“西班牙最富创造性的导演”，因为他的作品带有很强烈的政治意识，他对西班牙电影的复兴起到了很大的作用。在1975年佛朗哥专制政权结束以后，他的作品渐渐从政治转移到西班牙国家艺术，而在他晚期的作品当中能看到非常多致力于表现西班牙国宝级舞蹈艺术的作品，在这些作品当中都能看到浓烈的戏剧性光效、完美的音乐和视听表达。

这些电影中关于探戈的其实不少，在电影中用到探戈的场景也常常会令人动心难忘。对于一个真正了解探戈的人来说，1998年的《探戈狂恋》应该是一部既具有教学级别、专业级别又具有欣赏性的电影作品，这不仅仅是因为卡洛斯·绍拉对这个民族的热烈的舞蹈的了解，我想更重要的是他这个电影的团队为他提供了一个丰富的表达空间。摄影师维托里奥·斯托拉罗是我们所熟知的第五代戏剧性光效大师，他的作品都留在我们的记忆当中——《末代皇帝》《现代启示录》《巴黎最后的探戈》……他为这部电影奠定了非常有效而充满气氛的影像的表现方式，加上这部电影当中国宝级的音乐人、舞蹈家的加盟，让我们看到了一个完整的、富有风情的探戈。

为什么要跳舞呢，为那些无以言表的激情，为那些灵魂的需索。探戈有着优雅而燃烧的灵魂，它是安宁中的汹涌，是温存间的热烈，是沉浸后的欢愉。所以在探戈当中，人是富足的。在探戈当中，我们能看到短暂而绵长的爱，那份余味久久挥散不去，萦绕在你左右。

文艺不是美白针

拔了智齿的第三天，痛得半张脸的神经都在跳跃，还是如约去了衡山·和集听讲座。这次的话题关乎十九世纪三十年代的上海时尚——同是欲望都市，女人如何在城市与世界的目光中改变与被改变着。环顾周围，大多是女人，即便我早已不情愿这样说，但你一定会感慨：这些女文艺青年哪。

文艺女青年——从事文艺的青年女士，文艺女青年一般物质生活丰裕，不愁衣食，没什么生活压力和负担。当然，一并描述了这个群体的特有标配：读张爱玲、杜拉斯、村上春树、追忆逝水年华，爱小众电影和单反相机，民谣爵士时常在耳边，咖啡不能是速溶这么简单。

向来不愿用这么简单的方式去分类，因为我认识我见过我热爱的女人们都不能用这个词语概括，但她们真的跟文艺相关，也同美妙息息相连。

女人，
即便一个人，
也足够顶天立地，
只因，你有光。

文艺是什么？是一本书一部电影？还是一张船票一杯咖啡？

在巴黎的午后，看着花神咖啡馆里的老太太们，她们专注地聊天，时不时望着身边的我，投来一个微笑。她们的年龄都过了我们所谓的“耳顺”之时，然而她们涂着红唇，戴着Vintage戒指，脸庞上没有丝毫岁月的倦怠，皱纹于她们而言是美好的福利，增添一些减少一些，跟笑容的风采无关。

这是为什么？仅仅因为这是在塞纳河左岸？

当然不是如此简单，这是文艺的福利，一旦你置身其间，才知道文艺给了巴黎什么。那是一种调性，就像王家卫电影《花样年华》的英译名*The Mood For Love*，它就是一种飘散在空气中的“Mood”。

读一本向田邦子或许看不到什么经营模式整理技巧，但从她的文字中你会看到自己某个时刻的人生，温暖的尴尬，实在的疼痛；听李斯特和拉赫马尼诺夫恐怕不会一次上口，但琴键的流动中有跳跃的安宁，有柔软的慰藉；看一部关于Diana Vreeland的纪录片可能没有动作片那么精彩，但你看到一件衣服可以造就这样美好的时光，只因它被如何对待；跳一次探戈做一次冥想，你的身体在被释放，你的时间在漫长地延续，每一秒都是一个承诺，对自己，不是对他人，对此刻，不是对过去，也并非对未来。

女人活到头，讨论的只有一个话题，就是如何同岁月对抗。

文艺的确跟美容针不是一种产品，它是照亮你人生黑暗缝隙里的光。

面膜是必需品，香颂也得在你的名单上。

人生有许多皱纹是到底免不去的，而文艺，也不是百无一用，它会送给你愈发愉悦的安宁。

九十年前，我们从《玲珑》《良友》上望见风华女人的样子，她们毫不畏惧与世界见面，甚至希望发出自己的声响，和男人一同在这地面上伫立；她们有着娇媚婉转的模样，内里却充盈着力量；她们喜欢网球，跳舞，看电影，尝试各种新的事物；她们行走并且使人无法忘怀那个时代。

从来不喜欢所谓“半边天”的诠释，也不知道为什么偏偏要妇女才能过节。记得电影《阮玲玉》里费穆导演的那句台词：“女人站起来，不一定男人就要倒下去，大家可以一起站嘛。”

这个世界，有时需要共舞，有时也可独舞，有时是跟随者，有时也是引领者。

不需要被刻意温柔对待，也无须等待岁月静好，因为女人，就是在这抹缱绻世界里，最不容抹杀的光彩。

女人，即便一个人，也足够顶天立地，只因，你有光。

风格
女人一生的功课

有多少女人的一天是从镜子前的端详和衣橱前的踌躇开始的?

要学习搭配不难，要了解品牌不难，要模仿街拍和大片来穿衣打扮更加不难，可你是否愿意东施效颦全丧失了自己？

撞衫是一门学问，就像做女人一样。这世界上有万千相似的女人，可纵有余味使人百转千回的也就是那么少许，有没有想过，为什么？

如果你愿意在繁华地段的十字路口伫立那么一小会儿，你会发现往来穿梭的女人们，她们是在诠释着自己。

从一个低头，一丝笑意，一缕裙摆，同你附着一体的每一样细微的对象与表情都剔透无比地向人们证明你作为女人的逻辑。

上帝赋予女人天生优美的使命，从你诞生于世上的第一日起，这人生舞台大幕徐徐开启，你作为女人的每一日，无论你自己是否记取，它总会在世间上演，展开那些转折与高潮，低谷与悲喜。

不要单顾着望向别人，女人，要更多照顾好自己。

Coco Chanel说，人们总是谈起身体的保养，但精神的保养在哪里呢？

要做好女人，首先就需要了解，最重要的永远不是衣装，而是你的内心。

而所谓风格，就是在内心强烈养成之后自我形成的完整感受，这种感受会传递给你的周遭，成为你气场的构成。

要做好女人，要修完女人的学分，首先就得完成女人的功课。

修炼不是易事，风格更不是一日之功。

我们，大家，小火慢炖，从今日起。

每个人的美都可寻到一种体系

你有过这样的困惑么？

每季各大品牌的Lookbook和每周Instagram上的达人街拍更新或许会让你看到眼花缭乱目不暇接，可走进商店或打开网店主页选择时往往又踯躅不决。单品喜欢得上了天，可一旦心情美好地入手，又仿佛是上好的姑娘落了单，要是不再买件橱窗里搭配好的款式或是同样品牌的建议款便有种零落的孤独感，放在衣橱里，无论如何都有些毫无根基的愧意，感觉自己这样毫无准备地将它收下了，却没法真正交给它一个完美的伴侣。

当然，也常常会有人硬是将一个大牌从头到脚穿了个遍，好像刚从某个试衣间里逃奔出来似的，有些惊人的效果。

又或许，是安然守住最原始的搭配守则，时时都有所保留，却有所缺憾。

我们常常说美，其实在我看来就是适宜。

如何算作适宜？不是如天桥上的云裳般华丽而不可触碰，也不是街拍中的绚烂达人日常的戏剧性。这是一种使人安宁的美，在你应有的穿戴包裹下与你的内里全然融为一体，没有一件单品会抢了头彩，衣裙、包袋、饰品，它们各司其职，完整地同你的气场一起夺目绚丽。

每个人的美都可寻到一种体系。你要做的，就是从了解自己开始，重新排列出你的“Lookbook”，它不必有太过华丽的色彩，也或许并没有那么多炫目的戏剧性，但重要的是，它属于你。

Always be Chic，去做最别致的自己

其实我们平日里所谓的“优雅”与“别致”往往都来源于一个不起眼的搭配细节——丝袜、高跟鞋、指甲的颜色、配饰的款型，当然，帽子也在其中。

没有人可以单单依靠一身笔挺的衣服就能穿出自己的风格，也没有人可以在完全对自己以及风格毫无了解的情况下建立所谓的“别致”。

虽然我们从来都认为衣橱里缺少一件恰好能在今早启用的新衣，可实际上往往我们缺乏的是风格，是生活的情趣和对“优雅”的终极追求。

终极追求，有朋友会问，就是在每天准备好一顶恐怕戴上出门会被人观望的帽子么？如果我们不是文艺青年，如果我们不是街拍达人，搭配给力是否就是一种得不偿失的夸张态度？

我要说，绝对不是。

上帝创造女人，就是为了给这个世界独增千万种不平常的美好，为什么我们要浪费这种天赋，放弃上天的给予，而默默地在人群中飘过？

当我站在巴黎的街道，看着那些早已走过人生暮年的老者明艳耀眼地经过我的身旁，心中只觉惭愧。

这些对生活永远充盈着不息热烈的女人们，是对所有关于“别致”的问题最好的答案。

所以，亲爱的，永远不要放弃上天给予你的今天，去做最别致的自己。

我们常常说美，
其实在我看来就是适宜。

一切美的终点，都来源于重复

看过一部电影，叫作《土拨鼠之日》，它讲述一段奇遇，反复被历经的一天，没有改变，再无惊喜可言，但最终男主角还是体悟到了世界要交给他的那把“钥匙”，在其中发觉了真谛。

你一定要问，真谛是什么？是看着日子在眼前慢慢流淌，还是不再等待跟过去骂句脏话告个别再不回头？或者从不用心去看看人生千姿百态，以为就像一日三餐吃过总还有下一顿那样稀松平常？

我要说，都不是。

在最初看那部电影时，我仅仅当它作一部参考。作为编剧，看每一部电影都需要硬货存底，看过之后，再将收到的硬货打包入库，而看到一半，我发现剧情对于这部电影来说只是最为浅表的一层，它建立了某种探讨，跟人生，跟时间，跟我们每一日重复的生活。

不知听过多少次这样的假设：如果再来一次。

是的，不能重演的生活与时间让人们停止思考今天需要怎样度过，因为我们只有一次，没有预演，没有彩排，虽有预期，也从不遮掩我们的无奈。

而当真的重复一旦来临，它不断摆在你的面前，厌倦又会爬上来，遇见同样的人，说同样的台词，像写好的剧本演上千遍，然后再说我爱你，那个时刻，恐怕依赖的不是直觉，是耐力和对人生本质的爱。

不过大多数人都不会如此，他们会放弃，会半途开小差，或是收集些重复带来的好处，再度上路，这不意味着你不爱生活，你远离时间的真相，很简单，你只是疲劳，失去了爱。

本质上，一切美的终点，都来源于重复，并且，是简单枯燥的重复。

钢琴家要从音阶开始琴键的步行，书法家要从横竖撇捺启动手中的灵魂，芭蕾舞家要从八位站立和指尖擦地开发华丽的流动，母爱是从简单日常的每一时每一刻成为一生的守护。厌倦重复的人为数不少，就如片中男主角一样，他们愤怒、报复、怨气重重，甚至沮丧、不愿面对，当然，甚至放弃。

常人逻辑，不让自己受苦。

这也就是为什么在美好的顶端伫立的人不太多。因为美好总是通过某种痛苦的接纳来到你的世界，在你的生命里，它通过苦难来计算你的度量值，而不是开心、享受、肆意放纵。

苦难是什么？重复就是苦难。当你一千遍一万遍地审视生活，面对同样的天气，目光和言语，你会如何与时间对话？会说你好，或是别的？

在重复的生活中我们学到什么？

不过是学到一切都在重复。

时尚在重复，鬼打墙似的几十年一个来回；舞蹈在重复，再怎样编排也不过是从最简便动作的幻化而来；音乐在重复，音阶琴键游离但也从不会失所；电影在重复，三幕剧悲欢离合嬉笑怒骂也终会剧终人散；人生在重复，生老病死来了又走，走了又来。

我也是在时间中慢慢懂得，人生中最大的美事，是受苦，是历经苦痛，是含着眼泪微笑，是带着微笑看着苦楚都化开，成为花朵的海洋。

我也是在重复中慢慢看见自己的变化，获得力量，获得阳光雨露，获得重生。如果有人对人生厌倦，重复就是最好的修炼。

即便你相信有来世，也最好不要在今生的所有重复中失去言语，台词缺乏光彩，性格全无色调，而最终沦为这个快速运转的机器的陪葬。

人生就如电影，但它每日都在排演，你不要错过它交给你的钥匙。

本质上，一切美的终点，都来源于重复，
并且，是简单枯燥的重复。

幸福就是我们安置自己的能量

不管你希望有多快，最终你都需要慢下来

我们紧握着手中的手机，在一次次疯狂袭来的APP更新中不愿落后一步；我们打开微信，点开那些未被阅读过的红点，为了克服下一秒它们就要吞没自己的强迫症；我们更多地愿意从一百四十个字中找到快感，或是从微信朋友圈晒晒人生痕迹，却不愿翻开那些长篇伟著；我们匆忙面对社交平台传发各种表情问候，愉悦痛苦思念幸福，少有人再提笔写下情感倾诉。可是，下载的APP有多少在真正地使用？点击过的订阅号有多少激荡大脑？一百四十字中有多少箴言？问候中又有多少难以完善的言不由衷？

是从什么时候开始，我们拒绝了等待的美感，我们怀疑时间的定义，我们的生活像迅速旋转的陀螺。

每年看秀场一季季更新，看美丽的模特将天桥铺开一条霓裳之路，纵使眼中有万般荣华的感受，但总有一种匆匆的疑惑，就如同刚享受完丰盛的早午餐，接着下午茶又开了场；下午茶用毕，法餐便已恭候在旁，目不暇接，可真正能消受的却是有限。

这怪不了谁，每年就这几次崭露头角的机会，设计师们不得不勤奋地面对这一切，因为一旦在舞台上产生空缺，即便从前也是恍惚而过，名单上空空如也，就是真的空空如也。观众们没有别的思考，只会说——你消失了。

时尚界原本就是这么一回事。世上大多会产生瞬间即逝的美感的，都是以顷刻间的爆发开始，又以轰轰然的结束作为终场的。所以在世事流转之中，我们等待二十年，五十年，一百年，再度回首，看到的不过都是它留下的碎片。如果只是为了留住这个世界对你的一瞥，那么你需要永恒对抗的流逝早已摆在眼前，它不会走远，反而会与你愈发亲近。

是从什么时候开始，我们学会了疾速奔跑，却忘了缓步行走。

你一定会说，这没办法，是这个世界，大家都如此之快，我怎么能慢下来？

我想不只是你有这样的恐惧，所有的人面对时间都会有瞬息将尽的遗憾。可人生就如一条蜿蜒的抛物线，即便你发了狠明天就达到所有的极致，它也是如此遥远而又万变不离其宗，在那些隐秘的光环之后窥视着你的一举一动，看着你焦虑着急的身影暗自露出一丝笑意。

因为，不管你希望有多快，最终你都需要慢下来。

从呼吸开始，每一次与这世界的交流都是在逐渐深邃的体验中沉淀的过程。想要疾驰，首先需要安宁学步；若是要飞，怎么也得脚踏实地等待滑翔结束。那些生活的意义，最终是细嚼慢咽才能品出的味道，而要充分体会的人生之美，却并非是在快餐式的流年中捕捉到的光景。就像没有人会喜欢听一千遍音长与间隔都相同的音阶，抛物线的美感源于起落有时，快慢相宜。

停顿，在某些恰如其分的时刻，是最优美的修辞。

在通通奔命向前的世界，要全然停下必定不是万分可行，但你可以创造你自己的节奏感，在无数抱怨浮躁无序却又毫无实施抗拒的声音中，重新寻找辨识关于“慢”的真知灼见。

幸福是缓坡渐行，是在时间浓厚的尘埃中开出的花朵。走得太快，恐怕会错过了最好的时光。

承认我们的虚弱，但用坚定的方式生活

人生中总是充斥着意外。星象学家将此归为某星逆行，以便我们在生活中对自己少去一些不合理的责怪。

人是一种奇怪的物种，越无力越挣扎，越愤怒越恐惧，难道我们所有的爆发不是大多都来源于那些无法掌控的随风飘荡的人生吗？

说到底，是我们真的以为自己足以将它握在手中，哪怕一刻，哪怕只是一晚。

在异常匆忙的人生流转中，意外是一个不太受欢迎的东西，除开合情合意的艳遇和正好思念的暴雨。

我在剧本和小说里喜欢它，甚至拥抱它，可当它如同一位不速之客一次次来我家敲门时，总按捺不住要将它轰出门外的冲动。

不过，你知道的，它从来不会自己离开。

《心经》里说，无恐惧，则无挂碍。便是说的我们这些平常人，总以为恐惧都在外来者，不知道它原来就住在心里，只有你拥有了它，你才看得到它。

你要相信，无论是纠结还是愤怒，无奈还是心酸，最终都是可以被安置的。

放在哪里？放在你内心河流飘落的各处。

从身处其中变为观望，从观望走向凝视，你越是平静地向它靠近，坐在它身旁，不对它吼叫怒骂，不对它抱怨哭泣，它越是拿你无方。

幸福是什么？幸福就是我们安置自己的能量。

把自己交付给一个人，一本书，一部电影，不如将自己交付给自己。

意外随时都在，我们每天都要准备好迎接慌乱的时刻，但不要恐惧，要微笑，要爱它，因为所有的意外都是教会你幸福的法则。

活在自己定义的年轮

每个女人都活在这个世界对你的定义的诠释之中。

三十岁，有大量的声音对你说，要结婚，要有个家，要找个爱你多过于你爱他的人。

四十岁，有许多人垂头丧气地凑到你耳边说，到了这个时候，不再要风华绝代，要安稳，要盯好自己的男人，管好自己的孩子，别的都是小事。

五十岁，还会有人告诉你，身体不能垮，生活需要慢，理想主义就算了吧。

六十岁、七十岁，如果那些劝你的人都还活在世界上，他们会持续地告知你关于生活的真相，可真相到底是什么？没有人能告诉你，也没有人真正知道。

因为，你的生活，只是关于你，你从来不需要活在别人为你定制的年轮之间。

三十岁，可以全世界旅行，可以没有伴侣，但不能因为寂寞去寻找一个假意的陪伴。

四十岁，可以做任何自己爱做的事，好好地爱自己，守护自己，这种安全感不是男人和孩子可以给你的。

五十岁，为什么不可以创业？在半世安稳中重新活出自己的模样，不要以为你守住的安全便是安稳，那些都是生活的谎言，其实变化才是你人生最长久的伴侣。

六十岁，可以风华绝代。

要活在自己定义的年轮，遇见那个终究的你。

遇见那个终究的你

在杭州景区数百万人踏足之后的国庆假期，我也不落俗套地抵达。但是当忙完公事准备独自享受西湖时，台风却来了，阴雨绵绵，连带削水果时割破了手，突然间连出门的心情也消失殆尽了。可面对着镜子的那一刻，我还是对自己说，既然已然来了，何不体验一下不同的杭州呢？

处理了伤口，穿着我心疼但最终还是沁水了的平底鞋，虽非独享，但恐怕是这个假日之间最安宁的苏堤之日，人们大多都乘了便利的交通车而行，除了一些零散的游客。西湖就如同松了一口气，加之烟雨朦胧，秋风逐波，有些宁静的古意。

这是我头一次缓步行完整个苏堤。这些年每每来都是匆忙的，只有这一次，借着雨意得了些独有的安然。

最好的假期便是如此，在一个莫名的时刻，寻到自我，和世界隔离开，却又在这世界里。

人生便是如此，每日我们都能遇见一些幸福之事，同时亦有烦恼忧心相伴，可当这一切过去，你就成为明天的那个你。

要记得，每一天的遭遇，无论再美再难也都是为了那个终究的你的抵达。

享受这一刻，不要去想你会成为什么，你会是什么，因为总有一日，你会遇见那个终究的你，她（他）就在那里，静候着你的到来。

上帝创造女人

当莫妮卡·贝鲁奇迎着西西里海岸边骄人的阳光，明媚地在一群男孩疯狂的注视下行走过银幕，她那卷曲如意大利语的长发在舌尖和唇边摩擦出她的名字——玛莲娜，这一刻成为永恒。全世界都铭记下这般柔软的风情，而风情本身，就如她脚下这个国度的代名词。海岸与古文明的交融，热烈的表达与天然的情意绵绵，就像是矛盾纠缠织出的画面，这个画面就叫作——意大利。

如果说纽约时装周是美国人实用主义与设计感的结合，在幻觉与现实之间划出一道天桥的距离，那么伦敦时装周则如同一个实验室，就似这个城市充满古老与新潮的历险。而翻开米兰时装周的这一页，你才终将会目睹华丽的模样。

华丽，并非奢侈至不可企及，并非目不暇接，而是将繁华美好发挥到抛物线的最高点，又毫无越界庸俗的嫌疑。而米兰时装周之于时尚，永远不是单一的存在，意大利的风情明媚，婉转优柔，铿锵有力流淌在它的血液里。

它具有雕塑感，就如同在佛罗伦萨的黄昏遇见的那些久远的作品，肌理充盈，满溢生机。“软肩之王”Giorgio Armani消除了不必要的缝褶，依旧保留了女人在行走中的雕塑感、轻盈与质感，在色彩单纯的交织体中反复呈现着新一季的主题。讲究“折中主义”的Sportmax在2015春夏于线条与扭结中寻到了既优雅又自由的平衡点，流苏穗边的加入增添点滴女人柔美的线索，分段剪裁的结构突出了某种古老的雕塑感。再看已走过二十年的Marni，在简洁廓型与色系搭配上走得比同类都远，对身体曲线的尊重加之对传统的毫不畏惧，开启了它对买手们的强烈吸引。而以节俭美学著称的Jil Sander则更是极简主义者们的至爱，质地混搭与复古的色彩，让不对称剪裁显示出了新颖明快的节奏感，清亮怡人，却并没有甜得发腻的乏味。上等的设计总是具有某种雕塑感，让一件成衣从每个角度看上去都是精彩的。米兰时装周的雕塑感是从遥远的过去传来的声音，在那些宁静伫立的雕塑曲线中体现美好。

它具有音乐感，就像意大利语中奔放和柔软并存的韵律，又带着某种威尼斯面具之后的神秘幻觉。“雪纺皇后”Alberta Ferretti质地至柔，色彩至柔，将柔和发挥至极，同时它的飘逸与透视感的结合，仿佛迎面拂来的海风，是十足牵动人心的雅致情怀。“针织品掌门人”Missoni又再度掀起头巾的热潮，艳阳之下，在色彩纷繁的衬托中缓缓行来的女人，她不可一世，神秘地透着几分慵懒之意。而Dolce & Gabbana则全然是女王的代言，性感，傲慢，华丽，艳美，内里坚强如服饰中庄严的肌理感，面容中却又洋溢着难以回避的美感，仅仅是一件简单裁剪的套装也能穿出西西里岛上万众瞩目的风情。

就像所有动人婉转的故事一样，上帝创造了女人，而意大利创造了关于女人风情的流转。

如果要说女人的衣装与时尚是怎样的一件事，那就是关于女人的定义。热烈如骄阳，性感似火焰，柔情如海岸，坚定如山峦，这是米兰时装周赋予女人的定义。

Chapter 2 / 你的搭配不会叛变

优雅，是自由状态下的一种形式之美。

——弗里德里希·席勒

没有露得最正确，只有性感得刚刚好

很久远了，但今天还是得从一点老故事说起。

我的第一件露脐装是在二十多年前，班主任老师还天天嘱咐“薄”“露”“透”不要穿进教室的年代（暴露年龄也无所谓啦）。因为体重没过三位数，穿了高腰紧身小T恤和白色直筒裤进了教室，被她抓出来问话说，这是你幼儿园的衣服么？多年后，我才知道隔壁班男同学对我的印象却是永远穿着超短牛仔裙。

那个时代有许多如此可爱的旧事，但没有街拍，没有微信，没有手机，大抵小小的性感也就是脑海中模糊的留影罢了。

看《请回答1988》每一集都笑到热泪盈眶，可高温预警还有立秋晚风中摇曳的树影都在跟我们说着同一件事：有一些衣柜里的好东西，快些取出来搭配吧。

没有露得最正确，
只有性感得刚刚好。

剩下的为数不多热浪翻滚的夏日，总是要有些让人晕厥的遐想才好。游泳衣、比基尼，不是属于海滩的单品；吊带也不再是藏在外套中的私人打底物品；而睡衣也不仅止于给男友看看而已；蕾丝更是满面春风地要跟着你一起上街。倒是选择困难户现在都不好办了，到底要怎么穿，才是性感最完美的途径？

不要急，关于性感和优雅的关系，罗小姐给你八条建议，无论你是不是有马甲线或是“A4腰”，都可胜任夏末秋初的理想形状。

蕾丝的小心机

曾在设计师店里入手过一件蕾丝和绸缎拼接的吊带，腰部是优雅的蕾丝纹样，点缀在腰间很是美好。但请热血上头的女朋友们注意，如果腰部不是完美的紧实，请你为自己买大半个号到一个号，空荡荡的飘逸感能营造“瘦”的样子，不会毫不留情的凸现你最不愿意让人看到的瞬间。

蕾丝是女人“性感的闺蜜”，可要是质地不好，总会有出力不讨好的反面效果。精细的东西都对质感有不低的要求，在入手之前一定要反复品味它的织法、密度以及排列。睫毛蕾丝固然是好，可要是细节劣质泄漏了你的调性，性感也要打个大折扣。

建筑感会让你更立体

吊带装有千万种，如果你刚好胸形完美，马甲线加“A4腰”，加上完美锁骨和靓丽背部，那么祝贺你，放下手机闭着眼选吧，只可惜这样的指标加起来大多的女性朋友都无法达到，所以吊带的建筑感就更重要。一件具有建筑感设计的吊带，点缀着纤细的腰身并不夸张的品位，那些软软的纯棉款就在家和健身房穿穿好了。

Choker是锁骨最好的朋友

无论蕾丝、吊带或是街拍最热的睡衣款，性感的女人最美的地方在哪里？是“事业线”么？不！是锁骨。《英国病人》里男主角抚摸着女主角锁骨间的那块凹陷说：“我要占有这块山脉。”是的，美妙的锁骨曲线就是这样吞噬人。锁骨并不是神一样的存在，Choker才是，从十三岁的娜塔莉·波特曼到泰勒·斯威夫特。

完美不是天生存在，完美只是因为有了恰好的陪衬。

阔腿裤怎么都对

类似比基尼的文胸款式、小吊带，或是一件贴近身体的蕾丝上衣，只需备好几条喜欢的阔腿裤，在任何着急出门的时刻，怎么搭配都不会错，你不用选择随身的包包和考虑是否露出你的小蛮腰，剩下的交给平底鞋或是细高跟就都是小事了。

混搭是性情最浪漫的小确幸

成套睡衣就这么穿上街，这就是范儿么？千万别误会了，你只是刚睡醒没来得及换好衣服罢了。睡衣款的混搭功夫不仅仅是那么简单，一条美妙丝巾改装的头巾，一条热裤，或是一双平底人字拖，考验的都是你浪漫的心情。搭配的时候为自己的这一天选一首曲子吧，给衣橱一个今天的心情，镜子里的人应该是活跃游动的性情中人。僵硬的搭配只能向众人宣告，对不起，本小姐今天没心情跟你们咖啡约会。

简单而美的鞋子总是搭配好物

繁复不是搭配中最容易抵达的彼岸，因为要繁复而又有层次会使人疲惫，简单而易读懂要素的单品总是清新日子里最好的伙伴。不要忽略它们的存在，就像一双简单而美的鞋子，它可以是一双粉色的运动鞋，也可以是一双芭蕾鞋。记得在质地上的过度与牵连永远都不会让你搭配失败。

人需要在线索中找到美感，你身上的美物，就如同一条完美的线索。

保有你和副乳优雅的距离

抹胸款和小吊带都会检查到你日常的规范。是的，很残忍地说，性感就是一件需要小心轻放的事。检查一下你的腋下和胸部外侧，如果有多余出来的一点肉，快点加速运动和按摩，不要让它们泄露了你的懒惰和粗心。想象一下美妙的注视移动到此处就戛然而止的感觉，恐怕都会心肌梗死了。

穿衣是一种直觉。

不知道是热衷电影的爱好，还是杜拉斯的启蒙，我老早就奠定了对性感的理解。它不是脱光光伫立街头像个神经病患者，也不是搔首弄姿扒开衣服掀起裙角给别人看；不是少穿多露，也不是假装寂寞。它是由骨头里烧到旁人的一把火，纯真而傲慢，是距离你于千里之外又令你想在咫尺之间。不恰当的暴露只会让一个美好的身体变得廉价，而真正的性感，就像闷热夏日的太阳雨，只是刚刚好来了。

完美不是天生存在，完美只是因为有了恰好的陪衬。

不涂口红不会被判刑，但会让你唇边萧瑟

如果你爱口红，那么你刚好与以下这些人属于同一阵营——克娄巴特拉一世、伊丽莎白一世、丘吉尔和伊丽莎白·泰勒。

说到美，当然不能绕过一个叫作克娄巴特拉一世的女人，这个埃及历史上最鲜红的一抹色彩，这个最后用毒蛇了结自己的生命和王朝的女人，她是口红的“死忠粉”。

这位“骨灰级别”的口红“发烧友”，并不只是单纯地热爱涂涂抹抹便罢，更是从制造原料上动真格。在男女都视化妆为日常生活必备之事的古埃及，大多数的口红取自赭石，而克娄巴特拉一世则偏爱从胭脂虫的脂肪和卵中提炼的洋红色，就这样还不够，她还为涂抹口红制定了规则——必须用湿润的木条。

虽然难以想象湿润的木条沾上洋红色的虫类提取品抹在唇边的感觉，但依然不能否认这个女人给口红带来的革新和仪式感。

她的人生轰轰烈烈如山海汹涌，就如同她爱的颜色一样鲜艳夺目而又辛辣刺激。她爱美超越一切。

而口红并未随着她和古埃及的逝去失了光彩，只是它颇受非议。

在与古埃及隔着一个地中海的古希腊，女人可以染发戴假发，但口红却只能属于妓女这个特殊人群。

对于美的理解，女人鲜亮的唇色被赋予了一种道德判断，直到公元前六到三世纪之间。然而原则 ·旦放开，古罗马的富人们就接近疯狂地寻找新原料，甚至不惜将含有水银的海藻放入其中，让它通过嘴唇跟自己的五脏六腑做亲密循环，一天天靠近死神；而穷人们则用葡萄酒沉淀物来充当口红，更留有余味。（这招后来被英国女人学习到）

英格兰从来都有一副板着的脸孔，对口红当然也不例外。“撒旦的化身”是英格兰教士给满街爱美的女人贴的名片，可这也挡不住伊丽莎白一世对口红的忠诚。她不仅用胭脂虫、阿拉伯胶、蛋清和无花果乳配制成新的红色，还用石膏为底材做出固体唇彩，成为当今我们化妆包里小小神器的远祖。

据说，她去世那天，足足用掉了半英寸长的口红。

历史总是在曲折的迂回中进步。即便英国也曾通过凡是依靠口红香水等化妆品诱惑男人结婚的女性都要受到惩罚的法令，也不能阻止女人们想办法来“打扮”自己的嘴唇。维多利亚时代，英国女人会轻咬双唇来使它看上去带着动感的色彩，或是涂上香膏和葡萄酒，直到慢慢进入十九世纪末期，女明星们对口红的频繁使用才让它回到主流当中来。

美国人永远是走在潮流前的商业胜者。1867年，纽约的“B. Altman and Company ”百货公司就将口红放入他们的售卖品行列。至此，往事烟消云散，一切都只不过存入历史的故事会当中，口红的反派终于倒下，再也站不起来了。

女人们这下就肆无忌惮地美起来。

1915年，第一只金属口红上市。

1923年，旋钮口红已然和今日你看到的没有太大分别。

第二次世界大战时期，大量彩妆都成为限量品，唯有口红和唇膏没有缩减，这是因为射手座的保守党丘吉尔，他认为口红和唇膏可以提升士气。

它将女人带入一个用色彩表达自我的境地。

橘色，是说我游刃有余；紫罗兰色，是说诱惑不是坏事，但孤独也没关系；
热烈的深红，暗示着优雅无须张扬，它是上天赋予；
正红，是大大方方的美好，不介意被驻足观望；
粉红，是说今天心情曼妙，纯粹的欢喜；
而裸色则是说，收敛是美德，但不到位则会贻笑大方。

而最夸张的莫过于伊丽莎白·泰勒，这个口红重度嗜好者，她在工作时要求剧组所有的工作人员及戏内所有演员都不能涂抹跟她相同颜色的口红（埃及艳后遗风）。

口红是什么?

它是一支小小的神器，它的色彩会吸附在各种你有意无意亲密接触的角落——杯沿，衣领，偶尔在男人的脖颈。

它是你与世界的某种气息的联络，是你滑过城市的影子，是一场关于勇气与虚弱的争夺战，是宣告你时而傲气凌人时而乖巧可嘉的事实。

它将女人带入一个用色彩表达自我的境地。

橘色，是说我游刃有余；紫罗兰色，是说诱惑不是坏事，但孤独也没关系；热烈的深红，暗示着优雅无须张扬，它是上天赋予；正红，是大大方方的美好，不介意被驻足观望；粉红，是说今天心情曼妙，纯粹的欢喜；而裸色则是说，收敛是美德，但不到位则会贻笑大方。

人们总说，懒女人没法美得透彻，我说女人懒也有得救，勤在关键点便可。

人们总说，
懒女人没法美得透彻，
我说女人懒也有得救，
勤在关键点便可。

如果女人的美有底线，那么口红便是当之无愧的首席之物。它的每一次登场不仅勾勒出你唇畔的蜿蜒波折，也向人们诉说唇间的女性进化史。走在今天的你，当然不能错过。

它是一支有生命的美物，不涂它当然不会被判刑，但会让你唇边萧瑟。

就像旗袍领口的那颗盘扣，即便是再炎热的天气亦不可解开，为什么？这是一个女人最基本的尊严问题。

随身携带的包包和不随身携带的男人

无论怎么开头，所有的故事都应该从初恋讲起。

我的“初恋”是Chanel 2.55，因为在爱上它之前先爱上了香奈儿小姐，所以记得在新光天地（那时候还叫这个名字）刚开Chanel店时就时不时去晃悠，看着那些带口音的大叔毫不留情地带走它们，心都快碎了，因此就激励自己好好谈剧本，等到结了第一稿的账就飞去店里抱了一个2.55回家。没有相拥入睡，但一激动搜遍衣柜搭配出一个轮回七日的“2.55百搭周”才算过了瘾。

就像被一位慕名已久的绅士揽入怀中，第二天早上醒来都会有点恍惚。它的确百搭，但百搭不是滥用的理由，这个后来我才懂。你们都懂的，初恋的时候人都有点大脑空洞发懵，像是听不进去人话，人生莫名有富足感。

一般蜜月期的结束都是从看到另一个世界开始的，而得到往往也是失去的一个开始，男女同理，包包也不能例外。

与2.55的“蜜月期”居然长得惊人，当然，在它之前也不是没谈过恋爱，比如和Prada褶皱包，那款黑色的褶皱包曾被我独钟多日，但最终还是下了战场；还有不合时宜的Bottega Veneta，后来想想，简直像把自己活生生往老里推了好几轮，不过实在是喜欢那种编织感，只是下一次爱上应该会在合适的时间和地点了。

是Mulberry终结了我对2.55的专宠。记得首先入手的就是绿色蛇皮的链条包，它不像那款“Bayswater”那么“工作狂”，也不像“Alexa”有些随性“机车风”，它有种天生柔和的女人味，又不是那么寒酸，像个逐渐找到自我的女孩，她可以接纳爱慕的眼光，也可以被吸引，但不轻易沉醉。

Marni在其间插过足，我承认，简单干净的大包款式，总让我有强烈的安全感和舒适感，对于一个有外出总带Mac air强迫症的人来说，再适合不过了。就像《欲望都市》里，和Mr. Big的间隙Carrie又心仪了Adem，胃口偶尔也可以换一换。但每天出门时都会想一想，今天是唱哪出？

而我终究不是那么游离的个性，所以在各种纠结之后还是回到了初恋的那一款，但这时我发现，不是每天都需要带着这份端好的心情生活，即便挚爱，要是不自由，也是难以完满的。

风格不是一件恒定的事，
只有在实践中才能慢慢求得真知。

重新寻觅的路很长，不过会看到逐渐开阔的世界。风格不是一件恒定的事，只有在实践中才能慢慢求得真知。

Vintage包就在这时候进入我的生活，不过它们的美总是在鸡尾酒会上用处较多。喜欢十九世纪二十年代的银色手袋，曾经带着去韩国参加探戈节，它们别致、细腻，却只有在深夜和美酒的衬托下才更加醉人，而在真实的白日生活里，好像有些不切实际的脆弱。

还好这些年的设计师们都有了致敬的单品，养眼的物品不少。

Marc Jacobs的红色复古主题链条包，第一眼给我的感受让我回忆起初遇Chanel时的美好，但它链条的编织感更加细致地揉动了我的心脏，暗酒红与金色扣盘相亲不厌——一个小而全的质感之礼。

也丝毫不能抵御西西里女人的诱惑， Dolce & Gabbana总有种让人神魂颠倒的魔力，不过大部分款式还是属于在世间游走更多时日的女人，她们有深厚的美感可以将厚重而艳丽与自我融为一体。我只是挑了这一款，有浓墨重彩的风和日丽的黑色系列，四季都可同行，是个文艺范十足的“男朋友”角色。

还有个新宠值得一提， 3.1 Phillip Lim的“Wednesday Trapezoid”，入手的是宝

蓝色，随性中有些优雅的味道，不仅适宜浅色系的薄衣季节，冬天的大衣也不例外。蓝色不发腻，也不会夺目地艳，更不是故作收敛低调，单肩手提都可，平日随性的全能标配。

如果回过头看看，入手的包包和动心的男人，就像是在一条脉络上各自远行，有的高调，有的沉郁，有的委婉，有的率真，唯一的区别不过是，包包是随身物品，而男人并不是。

当然，寻着这条爱意满满的路，你会看到自己的所需。

随性之时，水桶包和Mini款都是绝配；优雅之时，Vintage和经典款也是真爱；混搭之时，或许哪个不知名的竹编包还会给你加分。

想起来前一阵子一堆女孩在一起聊天，忽然有人问说，你们和男朋友出门都怎么穿才比较搭?

其实男人都不是百搭款，我们自己也不是，有些经典款式属于某些人和某个年纪。不要荒废，也不要埋没你的美，那些真正打动你的，无论包或男人，无论随身还是不随身，足以用久远的爱和耐心去维系。

话说回来，心爱的物件还有一个，那便是LV的古董旅行箱，也不必真的带去旅行让它经受摧残，只想搁在更衣间，放些心爱之物，无论我身在何处它都是我的终极念想。

玛丽莲·梦露曾在她的自传中写过这么一句话：“一个女人可以给予每一个她爱的男人全新的爱，当然，前提是数量不要太多。”我想可以完全套用到女人对于包包的感情上，而数量嘛，不要太少就好了。

神酒
御神酒

其实男人都不是百搭款，我们自己也不是，有些经典款式属于某些人和某个年纪。不要荒废，也不要埋没你的美，那些真正打动你的，无论包或男人，无论随身还是不随身，足以用久远的爱和耐心去维系。

你的丝袜是什么颜色？

女人的衣橱抽屉里，有几样东西是常备无患的——各色丝巾，各式腰带，还有就是丝袜。丝巾用来给你的搭配增加亮点，腰带是改变调整你身体比例的黄金武器，而丝袜，便是最为简易实现你性感优雅的秘诀。

在四月的巴黎街头，虽然还似冬日般寒冷，但我几乎很少看到有人以羽绒服包裹自己。女人们多数是款型别致的大衣加上典雅亮丽的丝巾，小腿被丝袜包裹着，快步向前，这是时尚之都教给女人的规矩。

女人的优雅就如一个房间，是氛围的营造，而破坏这份优雅的，往往来自于细节。

不管你是否真的需要在冬天光着双腿（除开你必须参加时装周），无论如何，你的优雅清单上怎么也少不了几双精致的丝袜，今天我们要来分享的就

丝袜，便是最为简易实现你性感优雅的秘诀。

是怎么穿和如何选。

轻薄型丝袜是全年必备之物，有两种颜色是可以放心入手的——黑色和深蓝色。

黑色的丝袜，不必多讲，这是美化你腿型的利器，在任何大脑对搭配一片空白的时刻都可用它；而深蓝色在挑选时要注意材质，切忌劣质产品降低你的品位评分。

另外有一推荐则是暗灰色，干净，搭配灰与白系列会衬托出品质感。

而忌讳则是大街上常看到的肉色丝袜，尤其肉色发粉，突出腿型缺陷也就罢了，除了最靠近肤色且材质上佳的品种，其他上腿几乎都像是不择手段从批发市场里淘货而得。小心购买。

至于墨绿、暗红与橙黄三色，则是推荐给搭配风格基础及穿着需要更多亮点的姑娘们。

色彩型丝袜是春秋搭配的情调小品，颜色需要根据肤色、服装款型与发色搭配，但重点在于色彩型丝袜非常强调视觉上的腿部效果，如果是腿部还在减肥计划当中的姑娘们，小心它们会暴露或突出你还尚且不满意的小缺点。

设计型丝袜是这些年的潮流物品，但最可怕的搭配方式就是用各种大牌从头武装到腿，会有种刚从奢侈品店试衣间私奔出逃的感觉。如果你没有充分的搭配经验，那么将它们和你的小黑裙一起穿上，再配上一双美美的单鞋，便会有不错的效果；而如果是去时装周或是讲究穿着品位的场合，则最好先做点搭配的功课吧。

最后还不得不说说黑丝袜中两个品种——网眼和图案。前者我的建议是如果没有着装要求是需要慎重考虑的，因为穿不好会显得你有些轻佻之意；而后者则注意看图案的类型和你的搭配风格与出席场合是否相符。如果你要赶赴一个商务晚宴却挑选了原本约会才使用的圆点图案丝袜入场，那么恐怕就会太显可爱而少了几分成熟的优雅魅力。

即便在巴黎时装周上光腿配超高有型的单鞋已经成为时尚必需，日常生活中，丝袜仍旧是女人营造优雅氛围的必备单品。

常常在包里备上一双丝袜，是优雅女人的好习惯，你不会希望丝袜被不小心刮破还跟随着你一整天到处昭示你的奇遇吧？

风格是恒久的坚持。

今天，打开你的衣橱抽屉，从丝袜开始做起吧。

女人的优雅就如一个房间，是氛围的营造，而破坏这份优雅的，往往来自于细节。

秋冬大衣你会从一而终吗？

一说起秋天，简直就是我的衣橱进化史。

如果你恰好没有生活在四季如春的城市，你的幸福就是可以享受分明的天气；而不幸也很张狂，因为有些美美的大衣，它们自买回来就被关在衣橱里，从没焕发过生气。不过，多亏了秋天的到来，它让我的大衣们都活过来了。

相对于春天的新绿和北京狂妄的大风，秋天的枫叶更有满城烂漫的美感。不论在哪里，这个季节都是搭配狂人最好的施展季。

那么问题来了，不管你是整体风格派，还是叠层混搭风，你的大衣总是不能当配角。所以，主角是谁呢？

女人年纪轻轻的时候，总会说“我老了”，年龄一过二十就“垂垂老矣”，仿佛是怎么也回不到那个皮肤弹得出水分的光阴，也没有料到时间这个老友会陪伴她们多年。“老了”成为一句口头上的常用语，就连在大衣的选择上也走向下一个年龄季度款。

我的Max Mara款就是这时候入手的，驼色，膝盖以上，带着米兰味，但它少了些风情，尤其是跟那时的我搭配在一起。当我伫立在地铁站时，小朋友还是会轻轻地叫姐姐来提醒我，穿上再成熟的款也无法掩饰年轻。过了这些年，还是很爱它，决定留到再老一点等它重回我身上让它发光。不过当我看到去年秀场上水蓝色的那件长款，还是要叹一口气：要是二十岁的时候有那件该有多好。

即便如此，在二十出头的年纪穿Max Mara也不是全无救药，用浅色牛仔裤和单色T恤搭配一双运动鞋，再抹上艳丽的唇彩，倒也是清丽的。

看过《蒂凡尼的早餐》后我就疯狂地想要找到一件好穿的风衣，Burberry卡其色的经典款当然是首选。那时候我正处于“Lady情怀”泛滥期，几乎每天都穿小黑裙，高跟鞋也从不离脚，相信所有女人都有驯服高跟鞋的那个时期，我也一样不例外。One piece风衣虽然是优雅速成范儿，但要小心落入办公室女郎的标准陷阱，当然不是对办公室女郎的看低，而是我们要避免千篇一律。一万件风衣下就有一万个女人，你必须做那个一万零一。色彩，材质都在变化，小黑裙可以永恒贴身，风衣是要常新才行。

斗篷和披肩款是去过初遇巴黎之后的宠爱之物，它们实属优雅女人的必备品，不论搭配高靴和马裤，或是平底鞋和修身裤，伴上一顶毛呢宽檐帽，就像是轻快的华尔兹舞曲旋转在晚秋的枫叶红里。丝毫不必担心它们过季，唯一要小心的就是饰品，不要将“波西米亚风”进行到底，因为你毕竟长得不像吉普赛人，收敛节制的点缀会让你更具吸引力。

Chanel长款大衣想必是每个女人都会梦想的单品。在三十岁的时候，我同它相遇。黑色的长款，墨绿色的纽扣，干净简洁，没有丝毫多余，但却完美修身。Chanel高定工坊的纽扣将墨绿融在它的生命里，仅仅试穿了一次就让我双眼发亮，直接一狠心入了手。果不其然，它与我的衣橱藏品几乎万能百搭，陪伴我巴黎、纽约，以及未来所有优雅的旅行。不过我向来以为它不太适宜过分混搭，就如气质绝佳又具性格的人需要简洁的单品。

背心款大衣则是这两年才受我宠幸， Celine和Jil Sander的款式是首选推荐。干净的线条让它对你的行动不会构成任何干预，除了那些你需要凹凸曲线的必要场合。它们舒适且有型，让人永远有混搭欲，不管你习惯用双肩包还是手包，都跟它和谐地在一个画面里。

看到这里，不管你是否有打开自己的衣橱检查一下的心情，我已经站在它面前。看着那些我一次次入手的单品，想象着它们与我的过去和未来。每一款都是一个回忆，而过去终究会过去，未来的每一次打开都不要抱着曾经的惯性让他们迅速老去、远离你。

不固守，不留恋，也不需要太过依附流行。

女人的一生都是在变幻的风景里行走着，风景不同，心情不同，你只需要轻轻地打开衣橱，挑选一件。

愿它就像今天的你。

新衣进化论

新衣，穿的是新还是心?

你要买什么?

是Chanel外套，Alberta Ferretti皮草，Lanvin连衣裙，或是Jil Sander大衣?

是买手店淘来之物，快时尚旧款新装，或是设计师的灵感之作?

是淘宝店特卖，或是从eBay上寻到的一件从欧洲古董店中打捞出的旧日往事?

也或许，只是回到了祖母家，得到了她衣橱中半个世纪的珍藏?

随便捡个喜欢的颜色，或是翻看生肖八字星座流年，你红我绿他蓝她紫，最不济挑选个万全之策的黑，如何也不会算太过时。

甚至有人会不解，何必要等到过年买新衣？特惠店每天都在打折，时尚每季都在更新，我们随时随地出入行走新旧之间。

所谓“新”，不仅仅是于“旧”而言的对比，更是一番穿衣的心情。

曾几何时，新衣对于我们就是一次虔诚的仪式，每每旧岁消除，新事更替，忐忑等待，尽心期盼，直到最终将那件理想中的衣裳穿在身上，这期间要经历如此绵长的过程，而不似如今，只需拿出iPad拇指点击，便可于片刻从世界各处得来所需之物。

生活于时尚之中，且与其愈发密切，确实是美好之事。可我们的消费与通讯触觉越发达，我们生活的仪式感就更容易被越来越快的节奏消解。微博微信邮件电话，即便再三思念的人也不必飞鸽传书鸿雁传情，却万万少了那份迟奉圣言的如饥似渴；网络程序电商卖家，买与穿都只在顷刻之间，变得如此容易，享受“新”的这份心情已然就愈发地成了一个难。

新款倒是天天有，可新衣要是成为每日之选，衣橱也就变为简单的“新旧更替室”，少了几分真正的“新”情。

谁来做主时尚进化论?

达尔文说，生物之间存在着生存争斗，适应者生存下来，不适者便被淘汰，这是自然的选择。生物正是通过遗传、变异和自然的选择，从低级到高级，从简单到复杂，种类由少至多地进化和发展的。这便是著名的进化论。

“物竞天择，适者生存”，文艺复兴的智慧从未过时，世间万事万物都在循着他预计的脚步前行，时尚亦没有半点例外。

如果将1867年的第一册*Haper's Bazaar*当作有意识的时尚之始，沿着各大时尚期刊多年演变发展，或是遍阅自二十世纪以来有据可考的T台记录，顺着各家品牌的发布趋势，便是一部可观可感的时尚进化论。

或许你不难发觉，Karl Lagerfeld的Chanel已与Coco Chanel初创时期不是同一个“Chanel”了，Givenchy也在这段进化中丧失了早期被赫本诠释的优雅收敛。经典不断被我们所在的当下消解，快时尚也逐渐成为消费主打，如今时尚与黄金时代的风范差别错落，虽是交替重叠，却是更新至少，交替至多，以至于不断回望的怀旧时期每年都如约而至。一切都自瞬息间加速向前，一味地快又使所谓的“新”逐渐廉价。

可进化论还是在继续。

随着时间的推移，进化论愈演愈烈，人们对快时尚的热情在消退，相反有更多的人期待与关注真正注入设计师内涵与个性化、并且相对来讲有质感的单品。

进化论的终点亦是本质，在这段时尚的进化论当中，我们遗失的便是我们曾经拥有的，我们批判的却是我们一手铸就的，我们得到的则是我们力争主张的。

你有多少奢侈品?

什么是奢侈?

法国人雅克·阿塔利在《21世纪词典》中提到，奢侈不再是积累各种物品，而是表现在能够自由支配时间，回避他人、塞车和拥挤上。独处、断绝联系、拔掉插头、回归现实、体验生活、重返自我、返璞归真、自我设计将成为一种奢侈。奢侈本身是对服务、度假地、治疗、教育、烹饪和娱乐的选择。

若以他的标准来计算，你拥有多少真正的奢侈？

如今中国的奢侈品群体在无限扩大，亦常听闻人们对其的描述，大多冠以价高名贵之说，可一件成衣，一块手表，一条丝巾，它之所以“奢侈”，并非因其昂贵，而是它历经无数繁复工序与年头，在一代代工艺传承间生发而出的美妙共鸣，是品牌内里的价值观念，是精神。

奢侈品并非是人民币的数位体验，而是在于对其内涵的认同与理解，在于获得它的那份诚意感应与心情。

到今日，奢侈可以是足够个人化的定义。

一件新衣，从你遇见它，买入手，放进衣橱，穿着观赏，等流年将它自然浸息，它的材质布料会变化，丝缕中逐渐有着你的气息，和你一同经历岁月，承载你的人生，从而成为你多年后的记忆储藏。

上等的设计如酒，美感不会随着年月流失，反倒是变得醇香甘甜。

衣橱中最大的奢侈品，不是用金钱计量，而是记忆。那些布满你自己时光的单品，它记载着你不可复制的年轮。

盛宴流动，华服如你

一年年的设计款来了又走，你的身材瘦了又胖，一次次循环间到底剩下了些什么？是那些成堆的标价签？是你无论如何再也塞不进去一件衣裳的柜子？还是脱掉一切站在镜子前的你？

海明威说巴黎就如流动的盛宴，伍迪·艾伦说黄金时代永远存在于回忆之间，因为人人都想逃避诸多现实的不堪回到消逝的过去。

他们的所言仿佛就是关于时尚界恰如其分的比方，在永不停息的前行与回顾之间，总有那么一刻，你停下来，伫立，望见的却是上百年前的一瞬。再多未来之感的重叠也依旧是在化繁为简或由简及繁。

不论何时，取出书架上的一本旧杂志，或是看一部老电影，甚至回到家同祖母享受一个下午茶，你都会发觉，当下的流行，纵有差别，亦不过是面料与质感，垫肩与腰线，下摆与裁剪。

时尚，如潮来潮往的轮回，永无止境。而打开衣橱，那一年年买下的新衣如白驹过隙，如人生历经的事与人，匆匆，能留下的屈指可数。

年年买新衣，月月买新衣，我们是不是太过想要满足自己的占有欲，而忘记了怎样将它们穿到极致；我们是不是太过追求那些价格奢侈的品牌更新，而忘记了自己才是最大的奢侈品。

无论铺张华丽，抑或婉转优雅，每件新衣都有它独特的灵魂，等待着你去懂得，去品出其中味觉，继而去完美诠释。

盛宴流动，华服不息。在现世飞速流转的时尚间，唯一的奢侈就是让时间本身产生意义，就如山本耀司所言，让布料“有年份”。

而如今，这个权利交给了你。

将每次新衣当作一次仪式，那些华服，它们将灵魂与生命全然交予你，要用你的光芒去燃亮，用你的人生去让它拥有独特的醇香。

让华服如你。

东方巴黎的超然性感

喜欢老旗袍，衣橱里藏了好些件，其中最珍爱的大概已有八十余年的光景，极佳的缎面，绣着如今再也买不到的图样，绲边轻轻地包裹住它的边缘，成为盘扣相接的天桥，没有如今为迎合西洋审美的三段式身材凹陷突出的设计，可只要一穿上，它便像一双优柔的手挽住你的身体，服帖各处。

这是老时光里的美好。

你可以肆意地想象它是如何来到这个世界的，它又是如何经过时光中另一个女人的身体的。

常常回望那个久远的早已消逝的时光中女人的美好，她们是如何而来？不是自然而生至世间无故游荡，也不是受人所迫固化凝滞囚禁深锁，相反的，她们绽放，盛开，哪管外面的世界天翻地覆，自己先美得一塌糊涂，她们穿旗袍，看电影，去舞会，读《玲珑》，她们的存在充盈着剔透的丰满。

她们无惧，无畏，她们塑造了整个时代对于中国女性的看法。

我们已然无从回到那个风云多变的时代，仅能从留下的老物件中察觉流逝的光阴。

就如那件我珍爱的老旗袍，每年都会穿那么几次，时不时地拿出来看看，隔着八九十年光阴，它依旧像是一个人似的，存着一切旧日的隐秘与岁月，如尘烟的往事系在身上，就如同一个故人，与我相对而坐，缓缓道来。

每件旗袍都是一个女人。

每一本《玲珑》都是一个时代。

它们，是中国女人的来历。

黄金时代的一往情深

1928年的上海，大光明影院落成，这个被称为远东第一影院的地方在接下来的十一年中持续拿下上海的票房冠军。

早年的大光明是好莱坞的“驿站”，放映的大多是美国八大公司的影片。

也就是它，将大洋彼岸的华丽风尚洋洋洒洒地带至沪上女子们的眼前。

从西洋婚纱到露肩长裙，从比基尼到运动装，隔着千万里，却丝毫没有因距离减弱这抹“玲珑”的风采。

说风情万种已然无法概括八十年前的盛况空前。

街拍，八卦，红毯专题……那时一样也不缺，只是我们这些观众并不在场。

与其说是对黄金时代的一往情深，不如说是对这片林立的大都会。

即便它苍凉过，却从未真正地沦陷。

只因这些永不停歇的前行在美好路上的女人们，全然不顾窗外世界流云涣散，聚往来兮。

她们就便借着这片苍凉的土地飘逸地华丽。

海上花开

张爱玲在她的散文《更衣记》里，洋洋洒洒写着这么一段："我们的时装不是一种有计划有组织的实业，不比在巴黎，几个规模宏大的时装公司如Lelong、Schiaparelli，垄断一切，影响及整个白种人的世界。我们的裁缝却是没主张的。公众的幻想往往不谋而合，产生一种不可思议的洪流。裁缝只有追随的份儿。因为这缘故，中国的时装更可以做民意的代表。"

女作家里如她那样对风格的品位有研究也敢尝试的人不算多，放在今天，一定是每月被奉在街拍榜上下不来，说不定也出了自己的品牌。

时装的更新，一在面料，二在式样。

在沪上风华正茂的时代，女人们的“石榴裙”都柔软服帖地包裹着她们的腰身，行走中又来回飘动着，除了望着那些无论是否完美的身体在这飘动间与外面的衣服发生着化学反应，别无他法。

这种化学反应是自成一体的，没有刻意的修饰，没有明摆着的诱惑，有的是收敛，优雅和隐忍。

节制，成了中国女人与她们身上的风格名词。旗袍，成为了中国女人最为优柔的身体包装。

女人身上的衣，从来都不是一件小事。

不要轻易小看那个时代的女人们，随意能将笔挺的脖子和丰盈的腰身嵌进一条裙子里的，便是她们。

在中国人的时尚年谱里，无论如何也无法跳跃过这个章节。

它是中国女人的来历。

东方巴黎的超然性感

没有历史，人往往是盲目的。

如果未曾掀开这一幕，恐怕我们还不知那些事她们早做过，那些衣裳她们早穿过，那些话她们早说过了。

同样是女人，我们不过是在重复，重复并且消沉。

真正的性感与生命力有关，不是少穿多露，也不是假装寂寞。

她们是超然的性感存在。

没有人工改编过的容颜和身段，没有被阳光遮住的笑脸，有的，就只是那么一颗颗火热的心灵。

灵魂燃烧着，谁能说她们不会永恒？

她们无惧、无畏，她们塑造了整个时代对于中国女性的看法。

Chapter 3 / 腔调

形体之美要胜于颜色之美，而优雅行为之美又胜于形体之美，最多的美是画家无法表现的，因为它是难于直观的。

——培根

Why Paris? 巴 黎 腔 调

伍迪·艾伦的《午夜巴黎》是这样开始的：一对即将新婚的美国夫妇来到巴黎，男人是作家，对这城市一见钟情，甚至希望立即抛下贝弗利的别墅山庄来此地安居，他如此表达这般憧憬——“我想象着生活在这里的情景，想象自己徜徉于塞纳河左岸，胳膊下夹着法式长面包，在花神咖啡馆写我的书，正如海明威所说，一场‘流动的盛宴’。”而他的岳母答道：“这样的交通，什么都动不起来。”

如果允许，这世上的人或可分为两类，喜欢巴黎的与不喜欢巴黎的。

是的，在无数尘埃旧事与新潮翻涌的交融之中，这座城市更似一个梦，这梦中有爱，有浓情蜜意；有沧桑，有陈年温暖；有美，有华丽烟云；有婉转，有绵绵细语。

这梦绝无仅有，可是，你或许要问，为何是巴黎？

太阳王和他的凡尔赛

在被罗马人征服之前，在法兰西王国之前，古代巴黎已然存在于世，不过那时它是塞纳河中间西岱岛上的渔村，岛上渔火平静，炊烟安宁。

鲁特西亚是罗马人给它的名字，意为“沼泽地”，那一年他们在那里修筑了宫殿。即便到被称作“巴黎”的那一年，帝国中心在南部的里昂，它仍旧只是集中于左岸的一处小规模定居地。当时的人们，或许完全无法想象这片沼泽地到今日会成为这个世界上最恒久的繁华之地，他们亦无法预见，在一千多年之后，法兰西王国会出现一位帝王，在建立了绝对君主制的同时，还将美艳华丽时尚浪漫这一切所有的辞藻奉献给了这个国家，这是真正巴黎梦的开始。

没有任何一家4A（“The American Association of Advertising Agencies”的缩写，中文为“美国广告代理协会”）公司足以同路易十四的头脑抗衡，这个痴迷于权利与时尚的国王寻到一种神奇的途径使他的国家走向现代，并逐渐以高傲雅致之极超越周边贸易邻国，这个途径就是——奢侈。

为削弱贵族的力量，贵族们被聚集至华丽堂皇的凡尔赛宫，从早到晚参加舞会、宴席与各种其他活动，他们的生活被奢侈填满，并且最为重要的是，为了博得这位崇尚纯粹完美的国王之宠——他通常会赞赏最奢华的服装，他们必须要学会一件事——品位。

1697年12月7日，路易十四发起了最早的红毯竞争。因为他的长孙布戈涅公爵的婚礼，巴黎所有的店铺在几天内被一扫而空，整个城市都被华丽淹没，甚至有两位公爵夫人绑架了他们喜欢的裁缝，只为当晚惊艳全场而绝不会撞衫。

这个时期，巴黎出现了几乎所有如今你能列举出的时尚所涵盖的雏形，路易十四为这个国家量身而做的策划案经营至今依旧从未衰竭。

玛丽·安托瓦妮特——奢侈直至断头

如果说路易十四为我们开启了这扇奢侈的窗口，那么玛丽·安托瓦妮特则是将它挥散发扬直至无尽的拥戴者。

十五年的王后生活中，她成为潮流的风眼、宫廷中最有魅力的女人。在她看来，美貌、聪明、风情万种、品位高雅，便是作为一个女人最大的胜利，而作为王后的流芳百世却早被置于脑后。即便那繁华的凡尔赛已然位于深渊之上，也丝毫不能打消她洛可可式生活的兴致。

她通常四五点晨起，不是为国家大事烦忧难眠，实则是因几小时之后，她的一天就会在盛大的仪式中开启。

她的衣物有专门记录的手册，每日挑选，绝不重复。

她的裁缝——亦算是今日高级定制的雏形，只要带着新款设计入宫，便会接受王后的款待，并以一句看似轻描淡写的“我在为王后陛下缝纫”来应付众多顾客的苦等。

她的发型师，每日驾驶六马马车潇洒入宫，用发夹与润滑油，并力争配合时政要闻新潮元素为她绾起完美的高耸，如同在她美颜之上的皇冠。

她的珠宝商们，在锦盒中装入最新的璀璨轻易就能俘获她的芳心，以至于让她不惜重金买下，却又在她烦腻之后，用低廉的价格买回。

这种奢侈给予她人生最深重亦是最终的麻烦，而这一切仅是源于她的原则——不能重复。

即便如此，她的奢华传统依然不折不扣影响了十八世纪，就如斯蒂芬·茨威

去巴黎，有两个原则，永远不要拿公文包，

也千万不要带伞。

格所言，她是十八世纪的象征，也是十八世纪的终结。

只是，巴黎的时尚并未随着这位奢侈王后的断头而终结，玛丽·安托瓦妮特为后来的女人们奠定了必备的三要素：服装，发型与饰品。

它们安静了片刻，等待着后人来继续开掘这片沃土。

黄金时代的浓烈传奇

如果二十世纪的巴黎时装史要以人名来概括的话，Coco Chanel则应当首屈一指。

黄金时代给予她最为纯粹完美的灵感，从第一家女装帽店到第一款针织水手裙，从第一件黑色洋装到Chanel No.5，无一不受现代主义的熏陶感染，无一不带着她独到的关于时装的美学与诗意，也无一不是带有装饰艺术与黄金时代印记的历史纪念品。

她改变女性只有裙装的传统，将男装风格融入设计之中，解放女人原本被服装束缚的身体；她将那些艳丽无端的色彩抹去，仅剩下黑与白这两极，配之于白色山茶花与珍珠项链，塑造出女人收敛而优雅的形状。

她的人生如传奇，辗转华丽，情史众多，但并未对于任何人依附投降，她是有着独立而强大的精神的个体。

她的设计中有最简洁的昂贵与长久，她说华丽的反面不是贫穷，而是庸俗。

她不仅仅缔造了一个时装帝国，还缔造了一种生活方式，一种作为女人的态度，一种遗世独立的品格。

在路易十四去世的两百年后，她在这般丰厚的巴黎风尚之上又画上了浓烈的一笔，自由而优雅，并带着不可捉摸的神秘。

在恒久的时光中，一切都如她所言——流行稍纵即逝，风格永存。

In the Mood for Paris

巴黎最为轻松惬意的恐怕要算是天气预报员，他永远可以这样来讲：晴转多云，间有雨。

到巴黎已是午后，天空阴沉，如是方才哭过的女人的脸庞。

可究竟是个女人，到底是精致，眼眶还泛着红，妆容却丝毫未有破坏，望见你走近，她仅是悄无声息地散发出那抹存有保留的优雅笑容，那些悲哀的事一瞬间都成了囊中之物，融入她的呼吸。忧伤与愉悦像是一体，直叫人都不情愿将它们分开。这是巴黎的美，带着忧伤，笼罩这历史的尘埃与欢喜。

很少有城市可以如巴黎这般，有着浓厚的腔调与风尚，会使近前的人都自动被它的氛围所融化影响，就如同为你的神经装上了“巴黎模式”的开关。

那些带着余温的历史同今日的一切混为一体，散发出雅致高调的气味，而受它熏陶多年至今的巴黎人，亦成为雅的典范。

海明威说，如果你有幸在年轻时待过巴黎，那么以后不管你到哪里去，它都会跟着你一生一世。

《龙凤配》中的奥黛丽·赫本轻哼着《玫瑰人生》，对身边的汉弗莱·博加特说，去巴黎，有两个原则，永远不要拿公文包，也千万不要带伞。因为下雨的时候巴黎最甜美，是湿湿的栗子树的味道。

所有的女人都应该独自去一次巴黎

所有的女人都应该独自去一次巴黎。

这不算什么箴言，不过如果你对此生保有某种热烈而温和的质感，对世界的久远与浪漫存着某种隔离的模糊界限，对安宁与喧嚣抱着不太确定的定义，那么，你应当独自去一次巴黎，只为自己。

独自去巴黎，备上优雅女人的行头——小黑裙，平底鞋，或是简单的九分裤，T恤和风衣，再加上一顶大方的宽檐帽和点缀的饰品。真正的巴黎热爱简便大方得体舒适却又有亮点的装扮，这也叫入乡随俗，如果你穿得像个巴黎人，巴黎人会更加尊重你。

独自去巴黎，选一家风格至上的酒店，如果你的预算足够，当然推荐巴尔扎克酒店这样出行便利又风韵极佳的十九世纪“遗物”；倘若觉得这类奢侈太

过分，那么推荐你我曾经在巴黎住过的Hotel Du Quai Voltaire，推开窗户可以望见路对面磅礴的卢浮宫，身后是巴黎集中的高档古董店区域，而步行去奥赛博物馆也不过就是十分钟距离。

独自去巴黎，下载一个巴黎地铁的APP，提前预习好最常用的十句法语（巴黎人的民族自豪感是享誉国际的，我的方式是用法语打招呼表示尊重，用英语接着交流），随身备好便携的相机，步行，观景，将自己沉浸入它的氛围，不让无处不在的WiFi来打断你的美感。

独自去巴黎，博物馆是不容错过的风景。如果你热爱当代艺术及现代思潮，蓬皮杜是佳选；如果你中意印象派，文艺复兴之后法国近代艺术的精华，那么奥赛博物馆则是优雅的去处；世人皆知的卢浮宫，在我看来最有价值的则是罗马时期的雕塑，而那幅蒙娜丽莎前永远堆满了人头，除非你愿意去体验拥挤的快感；个人很推荐巴黎装饰艺术博物馆，卢浮宫旁罗汉宫中的精致展厅，是中世纪至现代的佳品，珠宝与时尚史的展览中心，运气不错会碰上难得的珍藏展；还有一些艺术家个人的博物纪念馆，地址都可以通过网络搜索而知。挑选你最心仪的地方去仔细地品味每个轮廓和光影，而不是以数量来衡量，用历史和当下的美感来体会这种穿越的久远美感，才是关于浏览博物馆的真谛。

独自去巴黎，咖啡馆是不可或缺的情怀之所。一杯意式咖啡，一个阳光午后，巴黎人在咖啡时光中履行着关于“闲适”的终极定义。在巴黎咖啡中流淌的，是过往与现实的交融，是岁月交给这里的故事，是时间留于当下的静谧。即便不懂得法语，在咖啡馆中享受一个下午的阅读时光，或是观望周围人群来来往往，都是不可多得的际遇。

独自去巴黎，千万不要满心想着品牌折扣店，这个城市最美的积淀都在古物之中。从古着店到古董集市，再到旧日书藏，在这些点滴之间，握住的全是珍贵的过去。巴黎圣母院不远处的莎士比亚书店、市政厅附近的古着店令我流连忘返，也是在这两处，收得1942年伦敦The Nonesuch Press出版的莫泊桑《一个女人的一生》和Yves Saint laurent十九世纪六十年代的皮草披肩。去巴黎，收获过去就是拥有未来。

独自去巴黎，不要规定自己起床的时间，更不要为了匆忙出门而忽略自己，巴黎人尊重那些对品位考究的人，因为他们尊重生活，真正的生活是需要品位的，而真正懂得品位的人才懂得生活。不要安排太多的地点计划，不要像旅行团走马观花错过这个精致的城市。你可以在博物馆流连，也可以到花神咖啡馆去观望人们对谈，你可以随机捕捉到当下的展览，也可以到莎士比亚逛逛旧时光的书店，在市政府附近看看古着衣。不要像一个过客般，要像这个城市的主人，或是伴侣，即便在塞纳河畔坐上一个下午，或是在蒙帕纳斯墓地献上一朵还未完全盛开的玫瑰，都是对巴黎亲密的爱意。

是的，所有的女人都应该独自去一次巴黎。不需要旁人，不需要陪伴，将自己整个地沉醉于它那些还未消散的过往烟尘之间。因为每一种完美的余味芳醇，只有在自我全然的品味中才会愈发地觉出它那遥远而幽深的境意。

Vintage——旧物志，还是二手衣？

关于旧物，大抵不过是两种强烈的心态，一种情难自已，爱得死去活来；另一种遥遥观望，冷眼推拒门外。

不管你是否着迷于《唐顿庄园》里丰盛的衣装，或是暗地里希望拥有《广告狂人》里Betty Draper的行头，总有一个词会萦绕心头——Vintage。

Vintage到底为何物？有许多人言简意赅地答曰：二手衣。这倒是让真正的Vintage爱好者们伤透了心，因为一件旧日的美物当然不仅只是二手货这么简要就可以概括它的价值，而这一趟同Vintage一起开始的旅途势必要历经种种际遇与寻求才能到达终点，与所有的爱一样，来之不易。

在将Vintage这个词说一千道一万之前，有几个关键词也必须先摆到台面上来，因为旅途开始，你首先要了解你的车票是头等座还是二等车厢。

一般说来，我们所谓的“Vintage”覆盖了二十世纪二十年代到八十年代的衣物，而这其中又根据年代细分为：“古董（Antique）”“复古（Retro）”“二手（Second—hand）”。“古董”指在十九世纪二十年代之前的衣物，“复古”则指十九世纪六十年代之后的衣物，“二手”（也是我们常常误将Vintage同类化的概念）其实是十九世纪八十年代之后的衣物，剩余的华丽时代的旧物也可统称“Vintage”。

所以，所谓“二手衣”只是在年代上的一个简单分割，而不能笼统涵盖“古着”这个华丽而美好的辞藻，如果你要开始这段时尚之旅，千万不要在开始的第一步就上错了班车。

车票买好，踏上旅途，在到达让你意乱情迷的古着店之前，还有些功课需要做。你或许会说，逛古着店不就是要玩邂逅，一见钟情的才是真爱么？相信我，当你在毫无防备走进一家古着店时，满目琳琅会让你不知从何下手，如果是分类得当的小店倒也还能有时间欣赏挑选，可一旦面对着堆积如山的旧物，往往出现的都是两种结局：放弃，或是严重挑选失误。

偶遇是求之不得的美好，就如同你需要时不时翻阅当季的时尚杂志、时尚“名博”的购物清单和街拍图片。古着毕竟也是一种风情，在收获它之前，你必须清晰地了解你们之间的关系如何进行最恰如其分的联结。所以，在真正的疯狂开始之前，你要回答自己几个问题。

你需要什么？是一件华丽优雅的晚礼裙，是设计款还是质地奢侈的珠宝刺绣镶嵌；是一件羊毛粗花呢或是皮草大衣，是二十世纪名流珍藏还是经典实用的好穿廓形；是铅笔裙，圆形喇叭裙或是衬衫连衣裙；是开司米毛衣还是羊绒披肩；是手袋或是一双经典款的鞋子；或者是那些你衣橱里永不嫌多的饰品。

你留恋哪个年代？是风华绝代的十九世纪二十年代——Flapper和长款珍珠项链，古巴高跟鞋和网格晚宴包；还是好莱坞风格浓密的十九世纪三十年代——斜裁长袍和雪纺下午茶礼裙，阔腿裤和褶边衬衫；或是优雅无边的十九世纪五十年代——卡普里裤和露背裙，猫眼太阳镜和丝绸印花头巾；还有迷笛革命性的十九世纪六十年代——迷你裙和A字裙，及膝靴和平顶帽；或者你只是想随便看看，在不断收藏中发现适合自己的年代。

你的尺码？即便是整理再完美的古着店（除开洛杉矶的高端精品店之外），你的大部分时间也都是在旧物的堆砌中翻找。在时间上最大的节约便是你能大致判断手中的欢喜之物是否真的可以在你身上变得更加完美。不同年代不同款型的尺码不一定就同现在完全相似，所以你最好学会通过眼睛来判断款式及其大小，而不必在众多狭窄的试衣间里徒劳。

在以上这几个问题你都基本有过答复之后，便可列出一个“Wishing List”，开启你的“Vintage之旅”。

当然，如果你对以上索求除了自己的尺码之外都有些茫然，也大可找一两家古着店去体验一下，或是听听店主的建议，也许会有意外的惊喜。

Vintage这个词，也指在特制年份酿造的酒，这个关于年代的词义根源让它和我们旧时的经典主义联系到了一起，成了此刻我们讨论的聚焦点。上了年头的旧物，载着流逝的岁月和过往的情怀，在时光轮回中又来到你的身旁，Vintage的意义其实最为恰当的便是用“陈年佳酿”来概括。它是时代的旧物志，而不仅仅是被人用过穿过的“二手衣”。

不过在这个大浪朝前汹涌翻滚的时代，不是所有人都愿意回头望，对于Vintage的珍藏之感便就如董桥先生所言：“我偏爱古旧的光华。”

光华易逝，唯有这一念便是永恒。

光华易逝，
唯有这一念便是永恒。

高端中国风就是“龙”和“绣”？

坐在雕龙投影的廊柱旁，看着面前红黄黑白蓝镶着金银绣边闪亮登场，从威武的官乐到提琴与古筝的混搭，像是模拟着一次万变不离其宗的中国风模仿秀。看着每个系列设计师的心血之作，我反复揣摩着他关于这个品牌的表达，从哪里来，到哪里去。虽然该有的都有了，中国风的元素轮换上了一个遍，但到头来还是感觉缺点什么。

回想起在巴黎看的百年高级定制展览，从1895年的Worth到1948年的Dior，从1942年的Lanvin到1989年的Yves Saint Laurent，没有张扬的喧彩，但处处都是惊人的华丽篇章，这是根植于内里的巴黎精神，是细节中的优雅，在色彩中寻找到的微妙平衡。并没有一件衣裳叫嚣着巴黎悠远的时尚史，却每每叫人驻足顶礼。

中国时装开始走向世界了，国人带着西方人看到的那些关于中国的色彩与符号在世界上彰显着我们的模样，是将龙画上西式的长裙，还是用绣工雕琢新样式？

常常坐在秀场中，不知是在看一个中国人眼里的中国衣，还是一个西方人眼里的中国时尚。

中国的时尚是什么？如果翻开这一百年的服饰史，不难看到，满篇写着的其实都是中国人的性情，就像纽约设计师们的简洁而赋予动感，伦敦时尚家们的推陈出新，巴黎人的优雅风范，米兰范儿的华丽而风情十足。人的性情是怎样的，衣装就是怎样的；衣装是怎样的，穿在人身上就会显现一个怎样的性格。要看一个国家人的性情，就看传统怎样被他们在生活各处诠释。

所以说到这里，便要回到中国人的精神，中国人最迷人之处是什么？

以我看来，是收敛与节制，是削肩、马蹄袖和扣紧的脖颈处，是随身却无包裹，是留下影子却无迹可寻。

所有的一切都有着历史的源头，一件旗袍从清朝到民国，历经的不是设计的改良，更多的则是生活与世界的改变，而它又回过头来同人们再度探讨生活，这是设计的真正意义。

就如同秀场中模特头上频频现身的簪子，在古代便是一个女子的成人礼，绾个成年的发髻便可出嫁他人，如果已经许嫁，还要在发簪上缠上一根彩色丝线，如同现如今的订婚钻戒，直至成婚之日，她的丈夫才可将这根丝线取下来，情深缘浅，人生长短，都在这一根发簪之上。

这是中国人的逻辑。

所以一场秀，如果看到的都是标签，那想必真正的内容还是有几分匮乏与遗憾。其实无论是衣裳还是人，那些无法被取代的永远是内里最核心的那一点与众不同。

西洋人从二十世纪初到二十年代疯狂地兴起一阵东瀛风，直到今日也还没有消散，就连卢浮宫的装饰艺术宫中也还有明清的景泰蓝典藏。可这并不重要，重要的是它们没有被放在中国人的环境之中，用作中国人惯常的用途。

其实无论是衣裳还是人，

那些无法被取代的永远是内里最核心的那一点与众不同。

爱

有人说男人用八个字足以概括：先天凉薄，后天懒惰。

我说女人用八个字亦足以概括：身躯坚硬，情感脆弱。

这两种生物若是置于一处先天就有种不予调配的障碍，可上帝对他们的结合偏偏又如此钟情，恐怕是他喜欢有张力的剧场感，便将世界改换了一片天地，一幕幕剧情轮换上演。

像是偌大的一个舞台，帷幕缓缓拉开，其间布景有时繁华，有时质朴，有时铺张，有时静穆，有时如十里洋场，有时如暗柳月夜，现实与回忆伴着心事在幕间来回往返，衔接自如。台词怒骂嬉笑，嚣张安宁，总归由着岁月娓娓道来，或是强行抢了先地透露了结果。

有时听得到人在哭泣，有时是渺渺的声线悠扬，有时是一张泛黄的相片，有时是几段唱过的老歌。

不过没有一出戏里会少了这点烦琐。

它或许不是所有情感的源头，却将所有感情囊括。

它折磨神经，它翻涌情愫。

它温暖，它静默，它憧憬。

它幻聚，它破灭，它损毁。

它催捣着你的内心，它凝滞着时间岁月。

它忘乎所以，它令人动容。

最深切的笑容背后往往是最无尽的哀愁，最长久的相伴背后往往是最难言的分离。

纵使隔着上万年时光岁月的荒芜，还是遇见了，还是分别了，还是再见了，还是永别了。

不依赖，不仰视，不抱怨。

这九个字在，或许爱也不是那么一件头痛的麻烦事。

所以在一切爱的墓志铭上都有不希望参加的葬礼，还有不愿被提及的姓名。

所以人生剧院中，大幕悠然而落时，有人唏嘘着，说，戏，怎么就停在这里了？

但就着那剧场中的微光，即便人都散了，你依旧还能感受到那股缱绻的温热。

那是爱的炙热实感，久久不肯终结，在生命凋零之后，又再开出花来。

那还怕什么？

舞台的灯光亮了，等着你来开场。

悲剧是什么？

不是不为人所爱，而是不去爱。

爱有好坏么？

无论今晚是不是有个温柔的怀抱拥着你，这个问题想必总是在那些被砸碎的细节里反复来回着。

不过有一些回答是坚定的——爱与被爱是世上最温暖的事。

好的爱怎么来?

是因为遇上了一个好人?还是我们在挫败中看清了自己?

如果答案如此简单，那么为什么好人站在面前偏偏我们无法笃定要与他（她）终生，而屡战屡败我们依然选择头也不回向前走?

爱也有道理可讲。

这是一种关系，人与人之间微妙难言的关系。

而在我看来，世上最好的关系便是平等。

何谓平等?

不依赖，不仰视，不抱怨。

这九个字在，或许爱也不是那么一件头痛的麻烦事。

悲剧是什么？不是不为人所爱，而是不去爱。

最深切的笑容背后往往是最无尽的哀愁，最长久的相伴背后往往是最难言的分离。

那 又 怎 样

你要盛开

每年的七夕这一天，这个世界总是伴着幸福与心酸一同降临的。

虽然它与其余三百六十四天一样，与任何一个晨早黄昏夜晚是相同的，但因为有了爱，这一天伴随着不同的命运。

有故事的人，总有盛开的一天。

大多女人，在面对爱时，肆意地盛开；面对自己时，有着颓败的悲观，却也是繁华的。

我热爱玛丽·安托瓦妮特这样的女人，热爱玛格丽特·杜拉斯，热爱西蒙娜·德·波伏娃，因为她们脸上总有种“那又怎样”的表情；而在人生进退的故事中，我也热爱卡米耶·克洛代尔，热爱张爱玲，热爱萧红，热爱向田邦子，因为她们在文字中总有种萧瑟颓败的哀愁。

即便如此，时光仍然是当下的忠实者。

在每一个不被枉费的瞬间之后，才是最为华丽的绽放。

你要盛开，无论他在与不在，无论那个日子对你而言是情人节抑或“情人劫”，你都要盛开。

因爱永存

如果不是七夕，你会有多久不说爱了？

有多久，没在这漫天遍野的世间荒原，将自己交给一颗心，一个人？

又有多久，没能静享一个安宁的夜晚或是清晨，让笔触攀爬上旧日的纸张，就如情人吻过你的脸庞？

爱有千万种，因世上人有千万种，这千万份的心肠交织在一起，构成不可计量难以言喻的情景。

读过的书，看过的电影，行过的路，遇见的人，你以为忘了，以为丢失在这尘世里，可总有一日，它们都会再次出现，提醒着你曾经的那份唯独无他之感。

在爱之中，我们会遗落了自己原本的模样，倒是当爱消失之后，它们才又都回到身旁来，成为更恒久的陪伴。

即便有人是无爱不欢，即便有人终生痴守，可到底是走过来了，直到有一日，当你面对着那漫无边际的往事，或许就升出一种安宁的实感。

它不焦躁，没有纠结，但依旧捶打着你的胸膛，又似静默燃烧的火焰，会一直伴随你走向人生的尽头。

如果有一日生命真的凋零，我亦希望那零落的仅是我的身体，而不是爱。

因为唯有这份爱的炙热实感，会令我永恒地存在。

探戈，男人与女人的一步之遥

如果要从头说起，这种相拥最初便是因寂寞，因不能归家的孤独与狂欢。

在那个没有睡意的港口，被爱尔兰水手带到这座岸上的Bandoneon，声线密实而低沉，时而哀恸时而高昂，如同收敛克制的欲望在人生的隙缝间游走穿越。

是的，探戈原本就是在说欲望，在说爱，在说恨，在说着思念，在说着温暖与寒冷中的细密纠缠。

造物主为这世界制造的奇遇，便是男人与女人。他们天然不是一种生物，无法调和却又彼此不可或缺地相需。这对生来便铸就的矛盾体，将人生演成一场聚散分离喜怒哀乐的戏，在岁月舞台上流转不息。

而探戈，像是某种凝聚，将这般缠绵悱恻的纠结往返都幻化成为那短短三分钟内的相拥，一次转身，一次后退，一次停顿，一次身体的勾连，每一秒都是一种言说。

男人作为引领，拥抱着心爱的女人来到世界的人群，缓行而始，穿越拥塞的脸庞，逐渐寻到和她同等的频率；女人本意跟随，将这个前来的人抱紧，在进退间，无论周围多么喧闹拥挤，只需保持着与他身体的切切暖意。他们温柔地将彼此纳入自己的世界，继而燃烧，上升，在人生交汇的每一处迸发出炫目的烟火，熄灭，回到自己。

世界就是如此，就是一次次没有预计的相遇。如同在舞会里，眼神闪烁，望见遥远的彼此默契。

手心之间，脸庞之间，拥抱之间，张弛之间，探戈在说着男人与女人的哲学距离。

无须开口，只要闭上眼，宁静地等待那份前来的温热，等待那个缓缓靠近你的身体。

无论是在辽阔的海岸，或是一张餐桌大小的面积，拥抱都不会阻碍你们与世界的关系。

博尔赫斯说，探戈是孤独者三分钟的爱情。

我说，在一首探戈里有所有的爱情。

探戈中，最好的男人是毫无保留，满怀暖意，保护着你怀中的伴侣，不为炫耀，只为与她共享这完美的一曲，只为让她成为最美的自己；最好的女人则是心悦诚服，无惧跟随，安宁地在男人的怀抱之中，亦不丧失自己的双腿与行走的距离。

不要急于求成，不要心怀忐忑，随着音乐一同后退前行，转身，停顿，倾听，就如感受人生中，伴侣的爱意。

或许你要说，这样的美好，只是三分钟而已。

不过，人生不就是这如此多的三分钟的集合体，不就是无数次有意无意的相遇与分离吗？

想象你置身一间空荡的车站，列车即将驶来，你的爱人在窗口同你挥手，你羞涩的笑意绽放脸庞。

只有三分钟，它又要再度出发，你们又将作别，他日亦遥遥无期。

这时间，你伸出双手，与他相拥。世间的喧嚣在这刻停顿止息。

这或许是最后一次，或许不是，可人生匆促，此时每一秒都是永恒。

终于，哨音响起，车轮缓缓向前滚动，你们握紧的双手，变为挥举别离。

喧嚣散去，车站空无一人，你便开始等待下一次的重逢或是相遇。

这三分钟，短暂而又绵长，刻印于你脑海心底，与那分离相聚的余味一起，久久挥散不去。

意味深远的爱情，总是在情绪的边缘游走，就如流传悠久的探戈，总能把欢愉悲哀通通道尽。

博尔赫斯说，探戈是孤独者三分钟的爱情。

我说，在一首探戈里有所有的爱情。

男人如衣服

《广告狂人》第一季伊始，当满面青涩懵懂的Peggy Olson走入广告狂人们的工作殿堂，在她一旁，Joan挺着高昂的双胸，散发着明媚诱人的女性光芒，这个美艳四射的女人对她说："回到家找个纸袋，在眼睛那里剪两个洞，套在头上，脱掉衣服，好好看看镜子里的自己，审视一下自己的优缺点，然后诚实地去面对。"这看似有些犀利地残忍，不过Joan确实给女人们提出了一个尖锐的要求。当你每天打开衣橱，望着面前早已失去新鲜感的一件件衣服，它们曾使你为之倾倒，不惜重金收入囊中，如今却平淡无奇，毫无生机，仿佛仅只一夜之间便失去了那魔幻的魅力。

女人总是摆脱不了收集的嗜好，小黑裙、白衬衫、花呢外套、方巾丝巾、各色各款的大衣、高跟鞋、墨镜……每每遇见心爱之物万般欲罢不能，直到更衣间和储藏室都装满了过去的战利品方肯罢休。

选个合适的男人，就像挑选完美的款型，

要先考量自我的身材是否适宜。

不管你是否察觉，其实男人也是这收集品的其中之一，无论这个收集在数量上的多与少，质量上的优与劣，当你挽着身边的他走上大街昭示众人，那么一瞬间，便注定了对你“收藏”品位的鉴定。

男人如衣服。

在时尚的源头，衣服的式样分为两大类。一类是用单纯的布料包裹覆盖在身体上，让多余的部分垂坠而下，呈现出自然的褶皱，这种最早期的制衣法，被称为“ 披挂覆盖（Draping）”；另一类则开始于十二世纪欧洲文艺复兴时期之初，由于当时艺术界科学界对于人本身的关注，垂坠披褂的长袍被分为几个部分，以便更紧密地配合身体，因此产生了“ 剪裁缝制（Tailoring）”。相形之下，女人身边的男人也不过分为这两大类，一类只为轻柔覆盖，让你保有现在原本的模样；一类则是刻意裁剪，终归盼望他一手塑造的“新人”登场。当然，颇为理想的是能假意做轻柔覆盖，又能潜移默化带给你一些生命的启发，但这只是纯粹的奢望。所以选个合适的男人，就像挑选完美的款型，要先考量自我的身材是否适宜。

男人如衣服，可也就如同现下每年轮轴转的设计师大秀一般华丽登场，看似风韵各异，实际上却是经典款稀缺，混搭严重。

Chanel早已抛弃了黑白为主的色调和雅致，转向五颜六色的超市奇遇和运动鞋的混合拼贴，即便后现代感十足，却丧失了早年Coco深谙的华丽之道；Yves Saint Laurent如今也都是闪闪发亮的直筒裙装和机车夹克，金银丝上衣和黑色紧身裤，俨然将几十年前的吸烟装抛之脑后，将高高在上的大女人变成了街头朋克的小女生，不知这是否符合当下女人的境遇。早年间的经典款和好男人一样，消失在时代的流转光华中，留下那些美好的残念让女人们心存惦念，一旦回到现实世界，满眼却都是各种混搭，运气尚好可遇见个上品的混搭款，如果糟糕点恐怕无论如何没得入手也看不上眼。所以，挣扎和纠结都没有意义，寻着经典款的线索，找个恰到好处的混搭款男人才是正道。

男人如衣服，藏品难入手，新品无质感。

就像有些阅历的女人很难对少不更事的年轻男子生发兴趣一样，在严重重复缺乏真正意义的质感新品的当下，大多数有品位的女人将目光转向了旧日的古着。而新的问题又再次产生，在巴黎流连Vintage店中时，发现实质上有收藏意义的古着单品往往难寻，即便找到了也不一定合乎自己的尺码与胃口，而更多的二手衣漂浮于市，造成满城尽是复古的假象。如果真对品牌毫无了解只图购物之快，那恐怕又会攒下许多往后用处不大的“衣橱垃圾”。男人亦同理，藏品都是在时间和人事中流转了多年的积累，要入手恐怕得先掂量下是否能应对各方犹疑；新品或许缺少质感重量，历练也含苞待放在羞涩里，但是否调教取决于你。所以，新与旧不是关键，好品位从来不分场合，只是最重要的，是明确自己。

男人最美的表白是——你让我想成为一个更好的男人（You make me want to be a better man）；而女人对自己最大的忠实则是为自己的身体、为自己这样充满着优异与缺陷的美好共同体选好一个恰好的风格与尺寸，就如九十五岁永恒在时尚先阶的Zelda Kaplan说过，如果你看起来很美，那么你会让你周围的氛围变得美好，但永远记得做自己，你没办法把大理石变成丝绸。

是的，无论你选择精致的典雅还是粗糙的风尘，无论你崇尚复古到底还是以旧换新，你是什么，就穿什么，别扭和张扬到头来都是对自己犯的错。没有一件衣服是完美的，因为所有最完全的美都同残缺联系在一起。男人也一样，他们就像你衣橱里的经典必备品，在他的衬托下，看到的应该是更完整美妙的你。

男人如衣服，精明的人懂得量体裁衣。

没有一件衣服是完美的，因为所有最完全的美都同残缺联系在一起。男人也一样，他们就像你衣橱里的经典必备品，在他的衬托下，看到的应该是更完整美妙的你。

如果你看起来很美，那么你会让你周围的氛围变得美好。

如何和两个情人一起生活？

写作。写着写着才发现，所有的文字都是发现自己的旅途，在你到达最远的目的地之前，你永远不知道这辆火车行驶去哪里。

于我而言，写作有许多途径，跳舞是写作，歌唱是写作，演戏是写作，每日的生活种种都是一种写作。

就如我多年来反复多遍观影的《时时刻刻》，在电影的最后，伍尔夫那般，用一双望进生活的眼，凝视，注目，直到看到人世中的一切。

我们存在世间，总有关于自己的那个最好的可能。

谢谢你们的爱，我们今天来谈谈写作。

电影编剧是一件怎样的事?

面对不同的人，电影的定义可以是完全不同的，但对于编剧来说，电影便是某种恒定的客体，它表现的世界辽阔，但表达的方法是需要控制的。

电影就是一个在规定情境里的“游戏”。这里所说的“游戏”并非玩乐的特权，而是某种拥有内在规则的循环。从第一分钟到结束，编剧要做的事就是让观众投入并深信，这个循环在他周围，与他相关。

所以创作电影剧本并不是一件简单的事，它不是某种热情的一蹴而就，它就像一个精密的拼图游戏，你的观众总是有永远不知道下一块“巧克力”是什么味道的感觉，他渴望体验，跟你一道，进入一个虚幻的世界。

虚幻？你一定会说，明明来自于生活，有些电影甚至描述的就是我们人生中流动的常事，为什么还是虚幻？因为电影是选择的表达，我们选择我们要观众看到的事，看到的人，看到的话语，来表达对于世界的看法。我们忠于自己的选择，并且将观众带入，我们让他们如痴如醉，看到我们在其中，也看到他们在生活中的样子。

电影就是这样一面镜子，照见一切，洞悉一切，摄影机不会撒谎，编剧也是。

所以我就是这样掉入电影的，我热爱银幕的光芒，热爱在黑暗影院中人们脸上闪烁的微笑与眼泪，热爱被封存和被遗忘的记忆，热爱它整理与记载的一切微妙和不堪的时刻。

在我看来，电影故事线的行动力不分为文艺和商业，上等佳作中自然有上层的表达，有人称之为情怀，有人称之为寓意。电影故事线每前进一步，都会给观众结论和预期，在这之中，结论和预期越外在动作化，则越易被理解；越内向，对观众越有要求。

类型片是什么？类型片就是与观众理解的游戏规则做交换。好的编剧和导演只是选择了类型中显而易见的部分，找到与观众相连接的通道，继而再深入告诉他们自己的探索；而有些探索太过激进和跨越，观众还没看懂拼图的信息，就接二连三地跟了下去，他们自然是满脑子生涩感，有些则昏昏欲睡。

所以上等编剧就如一名优异调酒师，你知道酒的味道，也清晰地了解它们混合在一起的样子，在此之上，还理智地对坐在你面前的人有判断，并且你不会只给出他想要的那一点，还混合着理性、情感、抒发。一切都不失控的情况下，总是最美的。

小说又是怎样的一件事？

小说就像天空的云朵，看似不经意地掠过，而当你从更高处俯视，才发现原来并不是无心地随处飘荡，它们只是看来简单无序而已，实则充盈着节奏和表现力。

小说是一座城池，每个热爱写作的人都有一方自己的攻城计，由此长驱直入，成为那个世界中的统领。坐在城池中的人，是观望者，也是参与者，是深入望见纠缠苦痛深渊尽头的人，也是抽离清醒读到未来的人。

在小说中，你有许多种穿越时间与世界的方式，你可以在长河中柔软荡漾，也可一秒不计地转身离去。

你的主角在等着你，一步步展开他（或是她）的生命。

就如同一条蜿蜒的河流，漂泊过他（或是她）人生的各个角落，而读者便如同行舟而上的人，看到的都是花开花谢之后的结果。

从一棵树到另一棵树，小说并不需要什么原因，只是一个念头，或是一种微妙的启示。

小说便是启示的结合。

如果要问我更愿意写作剧本，还是写作小说，这两者带给我的写作愉悦是完全不同的。

小说的写作是发现，重要的发现永远都是通过自我找到的，他人做导引，或者完全凭借一己之力。

古典叙事里有一种美感，是在磅礴的时代中发现精密的人生轨迹。到了现代叙述中，这种美感被收敛，被削弱，人们开始从个体中观望真相，另有一些作者兼顾了记录时代使命的责任。

文字与摄影机一样，它不撒谎，它是作者内心的独白。

从杜拉斯和张爱玲开始，但并不是到她们结束，文字是一个逐渐形成风格的过程，逐渐发现，逐渐看到你与文字的关系。

叙事的力量从来都是来源于收敛，而不是放纵。结构的力量从来都是来源于螺旋上升，而不是假性圆环。语言的力量从来都是来源于言简意赅，而不是表面华丽。

向来相信技巧和风格是两件事，技巧是叙事的基础，是找到你文字和描述平衡的基点；风格是在这之上的阐释，是在叙事完整之后的丰盈变化。

贪心地以为，关于女人的描述是文学中永恒的话题，说不尽也道不完，因为对于女性的发现通过各种途径获得，而描述她们，将她们置于人生的境地之中，则需要观望之后的爱意。

来自不同时代，不同遭遇的爱情中的女人们，她们有的被生活的洪流淹没，有的则完全破除一切，袒露在世界之前。

每个女人都有一种美，即便她们有悲哀，有愤怒，即便她们活在真相或是悲剧中，她们依然有着无以复加的美。

有许多我们视野里的女人做到了。诺拉・埃夫龙，她的剧本中总有强大的幽默和适度的调侃，将男人女人的爱情世界说得分明；凑佳苗和角田光代，她们的文字中有温柔的缱绻，有黑暗的角落，有爱，有海一般深邃而宽广的灵魂；简・坎皮恩，她对女人的旷阔有真知，也对人生的暗处毫无逃避。

有她们在前面，我这条路，大抵也会走得从容些。

我的笔和电脑会陪伴我一生，继续用它们说我想说的话，照见我想要描述的天地。

于我而言，无论文字或是影像都需要从容、幽深而动人心魄的力量，好的故事中幽默与深刻同在，哀伤终究绵长不悔，明暗皆在，真相是没有答案的存在。

是的，这样的文字与故事，将是我的终生旅途。

每个女人都有一种美，即便她们有悲哀，有愤怒，即便她们活在真相或是悲剧中，她们依然有着无以复加的美。

身体是色之入口，爱是消受

李安说，这是他面对中年危机的一部作品。这篇仅有二十八页的张爱玲小说，他翻开的那一刻，便落入幽深的陷阱，这陷阱黑暗绵长蜿蜒，以至于引燃他被压抑的东方文化中的含蓄与苦痛。

1950年，二十九岁的张爱玲已然步入她创作中的黄昏时期，四年前她与胡兰成分手，继而又因他受到牵连，她的文学生涯一度中止，《色，戒》便是在这时起了头，可一直到1978年她才不慌不忙将它放入《惘然记》来出版，这段悠长的旅途才得以画上句号。在《惘然记》的卷首语，张爱玲写道："这个小故事曾经让我震动，因而甘心一遍遍修改多年，在改写的过程中，丝毫也没有意识到，三十年过去了。爱就是不问值不值得。"

即便没有洋洋洒洒的《十八春》般的人生悠长，隔着接近七十年的光阴，却依然能在收敛与毫不留情的描述中窥见张爱玲的性情，就如胡兰成在《今生今世》中的诉说——“爱玲种种使我不习惯。她从来不悲天悯人，不同情谁，慈悲布施她全无。”这就是她，一个对己对人都苛刻要求的女人，她笔下蔓延开的全是如山的事实，而非虚幻。

麻将桌起始，到麻将桌结束，小说像游荡的魂魄转了一圈回到起点，缓缓端详这历经过的一切，没有悔意，没有眷恋，冷眼望着，还端着一杯热咖啡。观望什么？张爱玲只是通过一个女人的身体在窥探爱的旅途，到底爱由何起，又从何灭。她惘然一生，轰轰烈烈的第一段与了无声息的第二段婚姻中，或许给了她一些启示。

真正的作者从不道听途说，不过是新闻中看到了真知与刹那交汇的灵感，就像闪电穿过夜空的时刻，你望见飞鸟的踪迹，人生中不会太多，而反复的三十年，字句之间，慢慢将那个陈年往事变成自己想要的样子。

将近三十年后，《色，戒》被搬上银幕，由“父亲三部曲”成名的李安，用他的语言来读解二十世纪华语影坛纷纷试水的张爱玲作品，在他之前，张爱玲的文学被各个领域的导演诠释过，他们在不同的语境里望着张爱玲，跟她说话，有的向她呐喊，有的同她低语，有些太轻，有些太浓。即便大多数人在谈到这部电影时总不能回避它大量的性爱场景与政治立场，可李安就像一支细长的银针，毫无防备地插入这二十八页的心脏。和着麻将桌的声音，电影中的王佳芝，小说之后的张爱玲，监视器旁的李安，像是一个庞大优柔的三角，悠悠盘旋。

《色，戒》中看到的，是一种缓缓相通的气息，就像两个爱人的身体纠缠交融。麻将桌上的女人，欢颜笑语中，她不能让她们望见自己的灵魂。麻将桌旁的男人，他安然不语，等待着捕获的时机。当身体来临，过往消失继而又如排山倒海涌来，旧日无法逃避，这是他们之所以如今在此，没有道路，不能后退。缱绻和阴谋都是难以言说的，正如一切艺术中最难做到的微妙，少了不够，多了愚蠢，李安仿佛轻描淡写，却是忘乎所以地制造了一个大时代中的苍茫际遇，这是一次同张爱玲的深度密谈。

如何进入幽暗？在父亲去世之后，他的电影从父权的包围开始转向柔软，也因此更为尖锐犀利夺目。就如进入女人洞穴的幽暗所带给男人的恐惧与满足一样，他在拍摄《色，戒》时，也身处在这幽暗当中。在拍这部作品的时候，他多次把自己关在一个房间里，我不知道这个时候他是不是在与自己沟通，或者与张爱玲沟通，或者在与他的电影沟通，无论如何，我们看到的这部电影，充满了张爱玲小说电影当中的诡异，情结，还有惘然。

Alexandre Desplat以时而柔软延绵时而阴暗诡异的曲调，东方曲式，西方配器，构成《色，戒》中丰盈的情绪辅佐，描述着一个女人在爱与忠贞之间的犹豫和徘徊，这一秒是对爱的确认，下一秒便是对忠诚信仰的游离。从身体开始的爱，从演一场说不清楚的戏，到深入肌肤的疼痛，到讲不明是爱是恨

是悔是怨，终有一刻，她觉察那条狭长的色的入口原来便是一切开始，爱才是余味，是最后的消受。

平安戏院面前的三轮车夫，碰巧遇见了察觉之后的王佳芝。“鸽子蛋”试过了，刺杀失败了，慌乱街景里她满心忐忑却面带安然地上了车，同车夫讲，去福开森路。镜头调转了头，对着车头前的风车，风车随风缓缓转动，幽怨婉转的爱意再也难了，此生绵绵。如同贴着肌肤复刻的魔法，张爱玲文字中悠长的那一味毫无差离地留在了银幕上，看得人又是惊艳又是欢喜又是伤情。唯有不同，原著的“愚园路”亲戚家，变为“福开森路”的约会地点，那份枉然的忧伤深重徘徊，就如哀鸣。

向来都以为，绝佳的电影与永恒的文字一样，有某种神秘的味觉。他们之间的不同在于，文字是以作家笔下的一切来展开读者眼中心中脑中的图景，而电影则是以视与听、画面、光线、声音，一切能动用的微妙来“锁住”观众的想象，回到你所选择要表达的意境。爱意也是同样，一旦气息相合，那份爱的炙热实感会久久不肯终结，未了的缱绻，未尽的遗憾，不过只因不可得或再也难得。

李安就是志在营造一种与那个年代气息相投的感觉。他说：“看到汤唯的时候，我觉得她就是女版的我。我利用她的身体在电影里表演。”“就像以前的国文老师，”李安这样形容汤唯，“她是少有的那种具有过去时代气质的人，而她看起来就又像是会做出这种傻事的人，放易先生走这样的故事发生在她的身上有可信性，让别人来演做这样的决定不可信。那是一种感觉，很难描述。”

关于全片的最后一场戏，“易太太”的扮演者陈冲也有过回忆，那是她到上海拍摄的第一场戏。易先生一个人坐在那张曾经发生过惊天动地性爱的床上，易太太一下子全都了然于心。拍完李安就在现场哭了起来，李安说拍西方影片是没有这种冲动的，或许只有国产片才会如此切肤。

切肤，如此说来才又回到起点。1950年，历经切肤之爱切肤之殇的张爱玲，2006年，历经切肤之暗切肤之明的李安，好像就是宿命中的循环，就便走过地狱一般的改编过程，这部作品的光芒依然无法掩埋。

天长地久有时尽，此恨绵绵无绝期。这是深入骨髓的爱与恨，一个女人的意志，或许根本捆不住国家的存亡，却黏稠着身体的交融与纠缠的欲望。在乱世中无望的人生，爱是幽暗中有光的点缀，不过还没真正燃起就已熄灭，连整个人都搭了进去，就如张爱玲的前半生，在一段照亮她灵魂的爱情之后，迎来的是她被逐渐熄灭的后半生。《色，戒》中的盈盈幽光，横亘在光阴与毁灭之间，张爱玲与岁月交了底。

“他觉得她的影子会永远依傍他，安慰他。虽然她恨他，她最后对他的感情强烈到是什么感情都不相干了，只是有感情。他们是原始的猎人与猎物的关系，虎与伥的关系，最终极的占有。她这才生是他的人，死是他的鬼。”在小说的后半部分，易先生如是思想。

1995年9月8日，洛杉矶西木区的公寓里静卧着已经离开人世的张爱玲。她对离别早有准备，证件被整齐地摆放在门口，一件赭红色的旗袍穿在身上，仿佛回到遥远的地球另一端，常德路上的那间公寓。

二十年后，电影《色，戒》启动，改编，上映。

韩素音说过，悲剧是什么，不是不为人所爱，而是不去爱。

就此，爱，再无尽期。

不是所有的感动都是痛哭流涕

120帧已经没有最好的座位，只好选了3D厅最好的位置，作为长期观影强迫症的一分子，我从来都偏爱躲在一大堆观众之间看电影，听他们的笑和泪。

林恩的脸没有隔绝地在银幕上望着我，低头看表，电影时长进行到二十分钟，我已沉浸入全然的孤独之中。这是比利·林恩的孤独，就如同在一片喧闹声中的思索者，他的安宁唯有片刻，中场时分。

李安在叙事上有他自己优雅的天分，即便这种天分中有被打破的静默，但你依然可以在他无数电影中嗅到类似的气味。《喜宴》中同性恋身份的尴尬与舒缓；《饮食男女》中父亲最后的疯狂与安宁；《卧虎藏龙》中浪漫的凶猛与潮涌……他在东方导演中承继着好莱坞叙事的突发感，却在其中保留了中国人的那份细微不可言的关切。

从《少年派的奇幻漂流》里就能望见他的目光与观察，所有真正的好莱坞商业衡量中，冒险类型必定有强烈的奇观与具体的“冒险”，而在李安的表达里，“险”是情感，是派与老虎之间的难分难舍，是在近距离体验危机之后的快感与舒缓，这种向内的叙事张力把电影的某种安宁的层面拓宽了，这才有无暇的宁静海上夜晚的俯视。

不是所有导演都有勇气这么做，也不是所有电影人都希望拍给未来一部作品。

可当银幕上的景别从特写到大全，我看着人物干涩的脸孔，没有分泌任何液体的镜头，那一刻，我仿佛理解李安为什么这么做。

战争题材的确让无数有雄心壮志的男性导演涉猎，勾勒他们对于世界的感慨，对于灾难般大场面的重建，对于血液和人生的理解。史蒂文·斯皮尔伯格有着犹太人街区红衣女孩的经典场景，也有枪林弹雨中关于雷恩的拯救；弗朗西斯·福特·科波拉有歌剧感的轰炸场景与荒诞派的实况感；大卫·利恩有绅士感的严整叙事；尼基塔·米哈尔科夫有交响乐般的完美叙事和诗意的思索；即便将视线调整至现代战场，里德利·斯科特《黑鹰坠落》也算得上是好莱坞叙事的典型案例。

一个突如其来的不知情的开始，导致一连串的战地遇险，这原本也应当是美国人对于李安作品的期待吧。可李安并不着迷于此，他有一贯的对于观察人的热衷。

从电影一开始，他的视线就停留在这位位于尴尬中场的英雄身上，他当上国家的英雄，只是因为他“经历了人生中最不堪回首的一天”（用林恩的原话来讲），而他奔赴服役的理由也不过是因为姐姐车祸后那个不给力的男友退出了她的人生而愤怒之余，做出的小小报复而受到父亲的惩罚。在家庭空间与公共空间中，战争与英雄这两个词语的根本含义一再被提问，回答都很简单，战场之外，没有人真正体验这场战争；人生背后，也没有人愿意主动出击做英雄。

这是一种干涩的痛苦和纠结，就像酒醒之后的头痛，去除虚伪和麻木，它是被放大的，就如同电影现实场景中大量的近景与特写。放大本身就是一种质疑的观察，就是一个巨大的问号，它在裂变，将人拷问得支离破碎。120帧就是这种放大的补充，因为影像就是扩散与蔓延，影像与观众的这座桥，透过没有装饰感的镜头与毫无修饰的演员，直接穿透你的胸膛，连接你身体中的那份孤独的模样。

而回到闪回空间的中场之外的一切，叙事以一种俨然虚构的方式进行。现实主义的表达镜头，保留尴尬的林恩与世界的沟通状况，唯有在战场上，有一份微妙的浪漫与人生哲学。林恩与蘑菇的对话，如同置于一个永恒的生命昂扬的空间，忘却了一切。

嘈杂永远是世界的主旋律，而中场只是酒后潮红般的疼痛，瞬间过去。英雄也会被遗忘，因为人们需要新鲜的消息来热烈谈论，至于那些身后的痛苦，不被提及，也无人牵挂。

林恩的“疼痛”伴随着两位女性。菲姗有典型的美国风格，是电影的必备；而他身心俱疲难以修复的姐姐，林恩家庭关系中的人物代表，极力将他拉回到现实世界但又无力强行。家人的妥协倒是能在李安电影中看到的常事，从郎雄的“举手投降”到“凯瑟琳的眼泪”，这种忐忑无奈带着些微东方情绪。

我常喜欢在课堂上讲《饮食男女》和《一一》，同为华语导演的李安和杨德昌在对世间的观察上有着全然不同的爱好与表达。前者从好莱坞学习到怎样用好看的体系讲述故事与自己的哲学，后者则是致力于在东方人的逻辑中表达他们的尴尬、无奈、怯懦、乏味可又光鲜于世间的一切；前者涉猎题材广阔但都带着东方人潮湿润泽的双眼看待世界，后者独坐一旁冷眼观望看待芸芸众生。

他们都是我热爱的导演，他们只是选择了不同的方式来讲自己的话给众人听。

电影就是如此一件事，我们看到世间的一切，我们选择表述我们希望让观众看到的一切，我们感慨人生的一切，我们选择感慨的温柔与冷眼。

不是所有的感动都让你痛哭流涕，有人敲击你心房的方式，只是潮湿地轻轻叩响，转身离去，留下你望着他远走的身影。

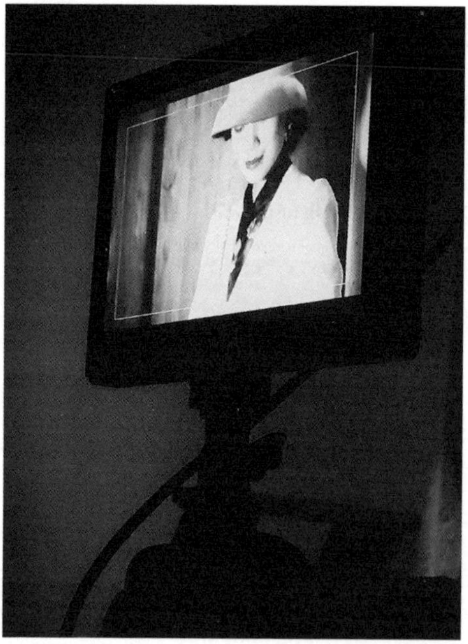

有人敲击你心房的方式，
只是潮湿地轻轻叩响，
转身离去，
留下你望着他远走的身影。

文艺片得奖就是文艺复兴了么？

金马奖的颁奖夜，微信朋友圈被恭喜梅峰老师和黄石师妹的信息刷屏，这是一种充盈着欣喜的激烈震荡，这部泛着旧意的电影，在与一众文艺片与商业片的剧本角逐中脱颖而出，虽不意外，但一部向过去致敬的电影得到了敬意，是某种纪念与现实的对话达成。

两天后在美甲店里，我听到客人和美甲师的讨论，对于最佳女主角的“双黄蛋”，她们各有己见。话题从电影转到电视剧，《甄嬛传》最初找的是周迅，后来才是孙俪，结果周迅去演了《红高粱》，错过了大火的可能；又说到《琅琊榜》，哪一集哭得厉害，哪个演员像是整了容，就像全世界的八卦都在眼下，顺手拈来。

流行就是这么一回事，它毫无遮掩，没有欲拒还迎，它要“电流”，要热点，绯闻是它最好的伴侣，炒作也必不可少；它要朗朗上口，要调和一众好味道，它不是件简单的事，它有秘诀，就是你的文化含量不要太多。

因为文化是一件顶复杂的事。它对微妙的徘徊是无法休止的，它对停顿有天然的敏感，对调性有清晰的要求，它就是内心的修炼化成诗意。

我从不将电影分为商业与文艺的类别，我在课堂上将电影比作拼图游戏。我们给观众看到的每一场戏都是一块拼图，拼图延绵，成为段落，形成电影的每一幕，继而构成一幅完整的图景。对于每一块拼图，电影都有本质的要求，它要有神秘感，要有美感，要给观众期待，也要给他们部分答案。

与你的观众一起完成拼图，这是电影工作者的要事。拼图太简单，聪明的观众会索然无味，丧失跟随的兴趣，拼图毫无线索，他们无从跟随，有的人在影院入了梦乡，有的人摸不着头脑。所谓商业与文艺的区别，不过就是拼图线索的设置，是朝外，还是向内的。炸弹、历险、爱情，它们容易被人识别；而思索、反省、凝视，它们是在内心的纠葛，由于个人生命体验的不尽相同，并不是人人都可以跟随而上。

1948年的中国，有一部电影叫作《小城之春》，与在它前一年上映的《一江春水向东流》相比，后者门庭若市，堪比《乱世佳人》的轰动，而前者被诟病小资情调，被遗忘，在几十年后才被重新提及。2005年，英国电影杂志《视与听》邀请846位影评人评选出影史TOP250，《小城之春》名列127位。

张爱玲说，中国观众最难应付的一点并不是低级趣味或理解力差，而是他们习惯于传奇。《一江春水向东流》满足了大部分观众悲情流离的心，当是电影流行的代表作。《小城之春》细腻、微妙、调性十足、深入肌理，像一弯柔软的刀，戳在人心房上，久久不能忘却。

有两件事，是艺术里最难的，那就是微妙与停顿。上等的作品，都在这两处有表达上的贡献。

商业是对收入有诉求的，所谓流行，便是商业成就的最好诠释。它没法深入，无关停顿，因为节奏高昂才是正经事，它必须一直带劲下去。

无关好坏，这是两种全然不同的抉择。

所以艺术便是选择，电影也是选择。斯皮尔伯格在大片中讨论普遍人性，伍迪・艾伦则选择用他喋喋不休的男女主角来调侃人生。

二十世纪四十年代的张爱玲写作了一部深刻又欢喜的电影叫作《太太万岁》，成为孤岛电影中关于中产阶级的一抹鲜亮的描述，却与《小城之春》一样，被时代的宏大主题淹没，即便票房可观，批判也纷至沓来。六十年代的她，受宋淇之邀为香港电懋写作剧本，其中“南北系列”席卷港台两地，《南北和》更是放映六十天之久，成为年度票房第二名的作品。

当我坐在资料馆，黑暗中银幕上葛兰、林黛在张爱玲的台词中跳跃，身旁的观众欢笑层层叠起，却望不见四十年代她文字中的身影，这便是流行的印记。

但凡你有任何走入哲学层面思索的内在含量，流行都可能会转身而去。

聪明的作者，总是在这其中寻找部分平衡，不过中庸是无法实现颠覆性的胜利的，做不好便是隔靴搔痒。

金马奖的获奖名单，有商业类型作品，有《树大招风》与《七月与安生》，前者讲犯罪，富于类型片的节奏感，后者讲女性与情感，柔软细腻，人物刻画尤其婉转，将女性纠葛与爱的起承转合道了一遍；有独立影像，如《八月》，西部小城的个人记忆，转型时期的父与子的夏日；有探索与思考的维度，像《不成问题的问题》与《长江图》，前者改编老舍作品，重拾一份旧日的诗意，后者从现在开始，到过去结束，逆流而上，却一路心潮下行。

Coco Chanel说，流行易逝，风格永存。

在风格面前，流行总是过眼烟云，但过眼烟云也有它的美，它泛着巨大的声响和激荡，欢呼雀跃，要不是你太喜欢安宁，还真是容易消受。

不是每个人都能挨得住岁月去等待一个答案，而文化总是与岁月同在的，它只会随着时光的爬行一步步来到深邃的光芒中，温柔地与你依偎在一起。文艺片越来越多呈现的年代，更多的个人记忆与缅怀被尊重，它是时代里光荣与梦想的一部分，也是最为璀璨的记忆。

然而关于复兴，还有很长的路要走，不要再说我们的电影只“朝钱看”了，那些深谙生命光芒与暗影的创作者们，他们在努力记下这些永恒的时刻。

女人是海洋

某一年最后一堂编剧课，我在讲台上跟学生讲，最好的故事都是描述我们人生与世界的灰色地带，那些非黑即白，只是最为简便的逻辑，它不是真实，也无法囊括我们历经的一切。

过去的一年，我做了什么？昨夜睡不着，回想就如播放老旧的胶片，没有对白，只有画面和音乐。

一场演讲，察觉人生的线索，跟众人分享人生，看到历经的那些打开的门。电影，它是最初向我绽开的花朵，优柔而延绵，汹涌而温存；探戈，就如同一个优雅的情人，在夜晚拥抱安慰，倾诉所有的需索；写作，钢琴上的黑白键，一旦将它们相连，旋律才会永恒。接纳是最大的宽容，而给予是诗，是融化。

一部电影，观望到所有的过去与现在。我在北京零度以下的冷风中，静静地

躺在高处，镜头望着我，众人在关注着我，他们的爱让我没有寒意，让我忘记时间的存在。从写作到演戏，从镜头后到镜头前，内心是一样的，剧本是在镜头外的描述，而表演是在镜头内的相爱，与光影浑然一体，成就一个女人的内心世界。

一次舞蹈，体验前所未有的舒展，激荡多年前的夙愿。马修·伯恩是一个怪才，他的舞团有无比的热烈与爱意，这份炙热传递给我，成就了我的第一次舞台舞蹈。舞蹈也是故事，是灵魂用身体在讲话，有时轻轻呢喃，有时高声唱颂，有时恐惧，有时安然，这一切都在身体的柔软与控制之间。没有旁白，只有音乐。舞台的灯光下，故事在我的身体外流动，谢幕的掌声中，我听见爱与热烈的温柔。

一个剧本，描述一个新世界，将自己埋进故事里，看到沧桑与黑暗，看到生命尽头的花开，看到爱，看到永世不变的流动。写作就是反复地敦促我观望世界，看周遭的人，怜悯不是猛然的心声，而是恒久的流淌，电影就像河流，编剧是带领观众在其间行走。

我的作曲家问我，要如何概括这个电影的本质？我说，女人是海洋。

没有一个人不是千疮百孔，没有一个人生趋近完美，就如永远走不到尽头的海岸线，沙滩上的痕迹，斑斓的贝壳，欢喜与悲哀都是暂时的，日复一日，年复一年，安宁在海浪之下涌动。

潮汐淹没的一切，跟人生的黑白没有分别，那些最美的女人，不都是带着汹涌的海浪在奔跑不停息的吗？

这一年，讲台上，舞台上，镜头前，书桌前，每个我都像一扇门，每一扇门都是浪潮，在一次次波涛中通向未来与恒久。此刻的我又如站在被浪花抚平的海岸线上。你们也在。

我们一同，望向远处，无尽。

Chapter 4 / 女神的圆满

外表的纯洁优雅应当是内心纯洁和美丽的反映。

——别林斯基

女神的圆满

林青霞出了第二本书《云去云来》作为她第六十一个年头的起始。相比她第一本书封面的雅静安宁，这一次倒是有种云淡风轻的圆融快意。她眼梢嘴角明明都是沧海桑田之后的洒脱傲然，就连那些岁月抹上的皱纹旁都是时间的光彩。她美得无以复加，让人顿觉年华对女人而言是份厚礼。对于这一刻的自己，她说了两个字——圆满。

书里说的都是众生往事，是人生铅华褪了色调而又长出新色彩的过去。她只淡淡说想和大家分享这一甲子的人、事、情，而文字里“琐琐细细，实实在在”（章怡和女士言）是将那份诚恳平实安宁地摆在面前跟人阔论天地人生，即便每个拥有丰厚经历的人都对回忆有描述的权力，她的这份依然是所有人预料之中的意外。

读她的文字，随之自然浮现的都是她银幕上留下的那些美，从江雁容到东方不败，从沈绍华到云之凡，她的电影路像是不太费力的天才梦，悠着性子从琼瑶开始，一路走到徐克，女孩变成了女神。

这世界很公平，上帝总是对女孩有些优待，待成长到女神，你就得变为一尊金刚，于是宿主准时降临，来修你的心，磨你的性，林青霞也不例外。这一次磨砺伴随她多年，直到四十岁嫁为人妇。这也可以算作人生的某种归隐，继而外人只偶然得到她生子的消息，八卦还在追随她的身材，其他的都还给往事。

然而就如她自己所说，婚后几年忙过孩子的一阵子，有了点属于自我的时间，发现有点坐愁红颜老的意思。确实，一旦走下神坛落入凡间，孤独身后还有一众要面对的课题。那段时光恐怕是生冷的。说生冷，不外乎人内心那些犹疑的模棱两可被点燃，人与屋子一道空乏，唯独旧日的回忆做伴。这时候，她拿起笔，等待夜幕降临，开始写作，在洗手间的梳妆台前。写完的字都被她藏在抽屉里，偶尔作为给女儿的读物。直到第一篇专栏面世，直到今日今时，这些孤冷全盘散尽褪去，曾经的女神，再度华丽出现，不求完美无缺，只愿平度此时。她得了圆满，真是羡煞旁人。

美人总是躲不过命运的，历史的舞台上，一个个同她一样万般美妙晶莹剔透的绝世女子活到她这个年纪都有些抗拒不了宿命的意思，早早地退了场，而她谢了幕，又换了装扮重启帷幕，硬是让人看见另一种完美的奇迹。这样的奇迹不算多，如有雷同也不算太巧合，在外人看来毫不费周折，不过将陈年旧事写成了书，而实情则是一个女人如何从高处寻得圆满。

这不禁让我联想那本《最后的天鹅》，关于詹尼·阿涅利的妻子马雷拉·阿涅利，讲述她极高审美的家装设计，以及她的生活回忆。

马雷拉·阿涅利，这个来自那不勒斯的贵族女人，即便她的丈夫创造了菲亚特最辉煌的时代，拥有非凡的时尚品位，也依旧无法用财富来掩盖她自我的光芒。卡波特将她与Babe Paley、C.Z. Guest和Gloria Guinness一起称为“天鹅们”。谓之“天鹅”是因为这些有财富、有品位、嫁得好的女人们并不仅仅致力于做好一个花瓶，还为她们自身创造了同她枕边人不分高低的价值。美国报业第一夫人凯瑟琳·格雷厄姆也曾透露，波特对她说，如果马雷拉和Babe Paley一同伫立在Tiffany的橱窗，那么毫无疑问马雷拉是更加昂贵的那一个。

相比这本书中马雷拉与众多顶级建筑师、设计师和景观艺术家一起为她的家族打造的堪称完美的家园，倒是序言里她侄女提到的一段家族聚会的插曲更吸引我的注意。

1993年，她和马雷拉同赴一行禅师在波尔多的静修，团队中的每个人都要负责承担起一件事，早餐的任务便交给了马雷拉。六十六岁的马雷拉每天早上不到天亮就起床，餐桌上不仅布满丰盛的早点，还常有她亲自采摘、精心插好在花瓶里的鲜花。她说，任何马雷拉承担的事，无论大小，总是被妥帖完美地对待。

我们往往被告知生命中有很多需要看护照顾的作品，你的孩子，你的家庭，你的事业，而忘了一个女人最后也是最终的作品便是她自己。成为佳作的前提只有一个，即终生坚守履行关于你自我的定义。

或许每个女人都有通往那个最终自我的路途，无论是身居高处的女神，还是游走尘间的女子，都是从六神无主犹豫不决的那一刻开始，从突如其来的失落无助开始，于周遭拥塞的世间洪流间蹚出一条寻找的路。

好莱坞通常不喜欢“高开高走”的故事，却偏爱“触底反弹”的类型。因为人们通常愿意看到跌倒在生活中的人如何奋起拼搏、营救直追到达顶点。这就如人生，一开始便被置于高处的人，不仅要妥妥地立于原地，还要缓缓地品出这高处的味觉。

是的，圆满有时，美好有时，世间万物纵有时。

向 田 邦 子 的 情 书

闲暇时间，读些什么?

我向来认为，一个女人的脸庞写着她的一切，她是宁静还是喧腾，是沉郁还是欢愉，是往事悠悠还是安然所终，都能从她的脸上读到。

向田邦子，日本传奇女作家、编剧，她的文字里有着安宁却汹涌无比的张力，温柔且冷静，却又不失幽默与动情。

她的力量不是来源于强悍与无稽，而是深切体察人生温和苍凉之后的暖意。

这便是女人。

头一回看见这本《向田邦子的情书》，是因那张美好的侧脸，感到其中的故事多少会使自己动点心念，就这么跋山涉水，托了好友从台北的诚品买了一本，又千里迢迢地带到北京来。她预先拆了翻看，告诉我说，这个女人，你一定会喜欢。

是的，仅是看她的照片，就像是日和的光照，却又有些厌厌，不知何处藏着阴云。

她有很多故事。

可这本书就写了她的一点爱情，且只是最平常的通信。后来看过有人写了书评来表示不快，责怪她妹妹连带借着姐姐的名分赚钱，出了一大堆没用的书。

不过我倒真的爱上了她。

她有着日本“国民偶像”的称号；这也不打紧，她一生未婚，没有子女；但这总还不算，就在她短篇连续获得“直木奖”殊荣的第二个年头，她乘坐的飞机遭遇台风，就这样，留下一屋子的手稿和不太凌乱的房间，离开了世界。

她的妹妹在整理这些遗物时发现了几只牛皮信封，然后又隔了二十年，这些信封的内容逐渐公开，也就成了这本书。

就是从这些遗落的书信中，我看到了向田邦子。

在N先生难以割舍的平常生活的每时每刻的惦念之中，在向田和子（向田邦子的妹妹）难以压抑的篇篇怀想之后，在她自己简单却又不乏色彩的信件之外。

我看到了向田邦子。

就这样，一发不可收拾，找来了好几本她的散文，想要一下子看到更多。

可她就是如此，看她的文字，不禁要缓下来，慢慢地停留在那些微弱的细节里，甚至能够感知她写作的时候，那些嘴角边轻微的笑容。

她的散文，功夫不是一般。平常的生活故事，到她笔下一绘，三长两短都有了头尾，且总会留点兴致到最后，再回过去想想，才知她安排得巧妙。

这是常写故事的人的习惯。

我常常会同人谈起她的一篇散文，叫《啊》。

说的是几十年前，她还年轻的时候，在公车上，是冬天，大家都穿着厚实，她就着拥挤的人群自己看着杂志。

看罢一页，想要翻过去的时候，却听见低处有一个声音微弱地说，啊。原来是一个小男孩，借着她的杂志看着另外那侧的漫画，她见他恳切，就等着他看完，再翻过去。

没一会儿，那男孩到了站，要下车，却找不到自己的月票。她见了，赶紧帮他付了钱，男孩也可爱，拿出自己心爱的那时候很时兴的铅笔送给了她。

她回家将那笔放进自己存小对象的巧克力糖盒，后来也不知去了何处。

些许年过去，待她开始独居，出来散步时，碰到一个男孩，牵着一条长得好看的狗。

男孩像是得意着自己的宠物，也知晓她或许会赞扬那么一两句，但又不愿做出故意的停留，等待她走过去，于是放慢了脚步。

她看出来，便主动走上前去称赞，男孩便介绍了宠物。之后好几次见面，也总是同她分享自己心爱之物的进步，两人逐渐熟识。

突然有那么一日，男孩孤身一人，远远地望见她走来，便冲过去做了个鬼脸，然后阴郁地跑开了。她想或许是这狗被送人，也或许是死了，反正再也没有见到。之后的每次，看见那男孩总是沉着一张脸，脸上挂满了淡淡的忧伤。
向田邦子收起了笔，在这里落下最后这一句：

“只有在这时候，我才会后悔自己从未要过一个孩子。”

看到此处，沉积的情感都渗透了出来，但也不是猛烈地爆发。

她的文章通常如此。

林忆莲的五十岁，不辜负

五十岁的林忆莲把舞台给掀翻了。

我这个多年不看电视直播的人，翻箱倒柜搜出无数视频，活生生定在电脑前反反复复端望了数次。她安静地伫立在麦克风之后，歌词的每一个字就如夜幕降临的海潮，翻涛逐浪，将这首二十多年前的旧曲子唱出新意味，余音绕梁，难以决绝。台下的女人们落着热泪。她把舞台烧了个遍，直到最后一个音符淡出，她缓缓从音乐中醒来，犹如戏落幕启，掌声轰鸣。

如果有幸亲历过那个华语歌坛雷声翻滚的年代，一定没法忘掉一些暴露年龄的歌。

这首歌的来历是一个金牌制作人和一个天赋卓越的歌手的共同梦想，1993年，它成为一个女歌手人生代表曲目中浓烈柔媚的一笔。

对于那些名字被记住的女人，俗世关心的总是与她们的标签相关，她们的男人，她们的生活，她们的成功是如何得来的。所以娱乐头条总是不例外地被人惦记，而爱情也总是在其中要居首位，因为世界上男人女人这么多，情感总要有个地方放放的。

林忆莲的名字曾经一度和另一个名字连在一起，从偶有八卦到绯闻飞扬，从爱意浓厚到离散终有时，和着这首歌诞生到今日重现，倒是能将一个人的爱意沉浮讲个清楚。爱与不爱是别人关心的，而真的在人生高处，走出来并不是最难的事，最难的，是下一次要做什么事。

绯闻汹涌时，她找了一处避开世人的清净处；婚姻终结后，又带了女儿去海岸的国度。烟花飞起，幕起幕落，像是早已参透，其中真知也不必多言，如同一个人出海遨游遇上了风暴，归家时全无惊恐却是一片安宁。可她的歌声中，女人千般爱恨怨念悲喜忧愁都被唱遍，分明心似海潮。

2017年的她，还是细长的小眼，在妆容下看不出太多岁月的干扰，声音里每一丝每一毫延绵的都是人生的意味。像是多年后遇见了故知，开口便使人觉得受了抚慰，岁月不了解的，都在她的声线里完成了。即便听得出编曲中多少有为观众鼓掌留的分寸，可到她的麦克风里都不是那么一回事了，那些停顿让人心悸，揪着人心底里最深切的疼，温柔地吻了上去。吐字归音干净得要命，每个音节都是上万次练习之后埋葬的灰烬，只待现场燃烧。

就这样，烧了一整个舞台，直直烧到人心里。她的五十岁，不辜负。

悟性高的人总会累一些，因为人生的真相，她们总能在第一时间清醒地辨识，继而面对、反省。她们注定不会过得那么平静，她们的敏感会给予她们苦难与悲欢，如同乐谱上的音符，她们的生命如歌，总不是白白唱得好听那么简单。

而我们能做的，便是将这个浪潮起伏就便作为人生的底子，不辜负，让一切未来都对得起这些苦痛的曾经来临。

林忆莲就是如此，五十岁，旧事不过只是她恍惚的背影，而她浑然就是从往事中磨砺挣脱再度重生的新女人，带着旧日的温暖，将那杯悲喜交加的酒注入字字词词中。

1993年的那张专辑，黄金位置上有那么一首歌，后来她曾经故事中的男主角还在演唱会与她隔空对唱过，可她不再唱了。

她到了彼岸，那里有神，心思汹涌。

她将摄影变为长久的永恒

在她之前，大多时尚摄影师都以唯美绝艳的风格横行，就如她自己所言，要是一开始便以摄影师身份跨入时尚圈，恐怕也难免要做出诸多妥协。但命运交给她另一把钥匙，由旁门入内，却逐渐柳暗花明至一番境地。

Deborah Turberville，二十世纪三十年代出生于美国一个中产阶级家庭，原本可以成为一名舞蹈演员的她，辍学前往纽约，在不经意间引起Claire McCardell的注意，担任其专属试衣模特，并被引荐给当时在任的*Haper's Bazaar*的编辑Diana Vreeland，开始了她的时装杂志生活。当然，灵魂中深藏的叛逆之心决定了她并不能在一个框架中继续前行，被Nancy White开除之后，她拜师于Richard Avedon门下，摄影之旅一旦开启便难以停息。

1975年，Deborah第一次以摄影师的身份为美国版*Vogue*拍摄了一组泳装大片。虽然在当时引发了不小的争议，有人甚至言称它们直指二战集中营或是吸毒的场面，但这些都不妨碍Deborah在虚焦与朦胧的浪漫主义中愈发深邃地前进。

初次看到她的作品，是在2012年Valentino的春夏广告上：在Pozos废弃的煤矿小镇，残垣断壁中模特们遥望远方，让那些华服渗透出沧桑的力量。

这可能是她最为接近华丽的一组作品。再往前看，她喜欢法斯宾德电影中的妓女，1984年《穿皮草的女人们》就充分地模拟了法斯宾德影像中妓女穿着皮草伫立房间中的效果；她热爱废弃的建筑，总是寻找萧瑟的空寂与模特形成对话，在与女帽大王Isabella Blow的合作中，模特戴着宽沿帽，穿着骑士服出现在英国Gloucestershire郡的墓地中；她执着于被时光侵蚀的美感，每每完成图像后，她都会将这些照片保存在一个盒子里，看着它们身上会发生什么有趣的事情；她喜欢破坏，喜欢展现情绪，更多过于内容。

她的合作者Marcin Stawarz说：她能创作出一种环境。这句话准确地概括了Deborah的照片气场——忧伤中的永恒之旅。她的图像充盈着丰富的隐喻与那些未及表达的言语，并不是单纯的一次性展示。她将摄影变幻成为比存在更长久的永恒感，令我们在岁月与时光中逐渐找寻到它的真意。

就如她自己所说："你们永远都不会知道在我的照片中发生了什么。所有的意象都只是在暗示，让观众随意去组织他们的想象。这就是时装的隐喻。”

Deborah Turberville就是如此的这样一个女人，她持续地用影像在完成关于岁月与时装的隐喻。

让观众随意去组织他们的想象。
这就是时装的隐喻。

陈冲，那个在姜文眼里“湿漉漉”的女人

喜欢陈冲年轻时候清纯劲儿，《小花》在那个时代风靡一时，不过自她去到美国，在异国腔调里尚未有什么过眼的作品；她也做导演，改编华裔女作家的小说，故事有点黯淡。而她的那部《意》倒是从无数喧嚣中隐到了后面，直至金马奖前夕，就如一个早已上好桩的戏子，缓缓地从台边掀开幕布望着下面早已沸腾的场子。

她就这么站到台上，满满的妇人质感。海报上那个穿着蓝色旗袍的脸庞朝侧面微微歪过头去，撑着把伞，片名叫《意》。

这是一部用回忆的倒叙来结构的电影。从儿子的角度回忆一个带着几分神经质的女人，她只为爱，只为在爱中获得价值；她也要物质，她希望过更好的生活；带着一双儿女，可自己仍然还像个孩子，肆意地挥霍生活的给予；一次又一次地远离生命的窗口，直到离开人世。故事主要以她的两次不太成功

的爱情生活和一次高潮段落的回忆中来表述，但这段设计得有些过于“东方”，就如曾经某些外国导演涉及的中国老故事的段落，剧本上，这个回忆段落的旁白也缺乏新意。

这个女人，二十世纪六十年代在香港做歌女，可以在新婚七天之后，在异国他乡离开自己的丈夫，带着一对儿女漂泊，尝试找一个更好的男人；而后，又回到前夫的身边，只是这时屋子里多了一个人——男人的母亲。男人出海，女人在家，对着面无表情的婆婆，无话可说，出外在中餐馆碰见会笑得暧昧的Joe，一个年轻的厨师，两人相好，为他，她离开了原来的家，同他过日子，两人不免争吵，Joe离去，她以自杀威胁，回家时候看到他，笑得有些惨淡；到后来，这个年轻的男人竟然嫌弃她老了，喜欢上她的女儿。她崩溃的病又发作，可这次是令女儿自杀，她再一次放弃自己；前夫又回到她身边，照顾她，在医院陪伴；再往后，她还是觉得生活没有意思，想要回去香港，儿女觉得她不可理喻，她不知自己该往何处，夜里被发现吊在横梁上，孩子将她救下来，带去医院，不过几天的工夫，就走了。

可这么个神经质的女人，陈冲演得妥帖，为什么用这两个字，我看她投入得很深，都说角色极致是好的，但每种极致实际上并非仅只是自杀这样的动作，而是在她终于解决自己之前的挣扎，这个女人的状态她描刻得很准。

金马，是该给她的。

剧本好像也得奖了，其中的调调我有些很喜欢的地方，譬如那个女人，到哪儿都带着一口大箱子，里面装着她各式的旗袍，她到一个地方就拿出来洗了晾好，还有一副珠帘，上面有个木棍，她住在什么地方，便将这珠帘挂起来。这口箱子，她去世后女儿将旗袍都放好在里面，从没穿过，多年后，搁置在儿子寓所的门外。

一个男人，回忆自己的母亲，带着复杂的心情，他觉得自己恨她给自己漂泊的生活，他甚至告诉自己在她去世的夜晚应该哭泣，但他没有；可他不停息地写着她，怀念着她，或许这是另一种爱她的方式。

结尾处，这个男人写着，突然觉得仿佛身后就隐着母亲身着旗袍的身影，她缓缓地向他走来，静静地将双手伏上他的双肩，他将头靠了过去，仿佛这半生对于母亲也就是如此的。

玫 瑰 人 生

曾有人说，她的声音让人置身巴黎；也有人说，她的歌唱就使人感到爱情。她给予了香颂最完美的诠释，却一生起伏不定，犹如一直骑坐在过山车的巅峰，直到逝去。她为所有法国人热爱着，她有很多名字，最为熟悉的一个叫作Edith Piaf。

电影海报是盈满意境的一种——一个女人伸开双手的背影，瘦削的身体下，逆光的神采并未被掩盖，却犹然生出一种力量。

看过好几本让我欢喜崇尚的女性传记，邓肯的自由，弗里达的洒脱以及她墨西哥式的美好，伍尔夫的分裂与她不朽的文学，杜拉斯的爱情与她零落的人生，近来又刚开始阅读里芬斯塔尔，碰巧遇见这样一部电影，当然是心悦，静下来，关上灯，就如Piaf每一次演出的开始——大幕徐徐拉开，她颤颤地从里面步出，站到舞台的中间，追光灯铺上她的脸庞。

怎样用一百二十分钟讲述一个充实而富有波折的人生，恐怕这是所有传记片作者坐下来思考的头一个问题。而导演Olivier Dahan在处理这些繁杂的人生细节时，充分地调动电影的剪辑、段落的结构，以至于将纷繁而短暂的四十七个年头精炼地展现在我们眼前。

Edith Piaf，1915年出生于法国一个贫穷的家庭，父亲是周游全国的马戏团演员，母亲则每天在街头以卖唱维生。小时候，她曾被父亲寄养在祖母的妓院中，后跟随父亲四处漂泊，直到自己街头卖唱时被夜总会老板路易发现，一鸣惊人。而就在她第一张专辑发行之时，路易被人谋杀，她卷入此案件之中，被指控行凶，直到1940年，Jean Cocteau让她大放异彩。

这是她直到二十五岁的人生。

在电影叙事当中，这一段被割裂开，分插在上了年纪的人生和岁月之间，偶有插入地讲述着。电影从她1959年在纽约的演出开始，以她身体的日渐虚弱为线索，同时让观众感受她从未熄灭过对于歌唱的热情，对于感情的执着追求，剪辑上形成了无形力量与质感。而对她前二十五年的经历的刻画，显然在处理时有些过于强调这种剪辑上的形式感而因此丧失了部分故事的情节，直到影片进行近一个小时出现她此生最爱，在1949年飞机失事中遇难的拳击冠军马塞尔这个人物，才真正赋予情节以意义，前段杂乱的头绪被整合，而Piaf波折不断的命运被牵动着往前步入更高的巅峰。

关于他们的爱情，电影中重点使用四个段落：约会，歌厅的演唱，拳击场的比赛与马塞尔飞机失事。

约会是一切的开始，两个场景，从小酒馆到豪华餐厅，后半段剪辑Piaf同友人描述她和马塞尔之间动情的细枝末节；歌厅，Piaf演唱英文版的*La vie en Rose*表达热恋的美好与倾诉，而同时散落的叙事中穿插他们的种种，推进感情线索到高潮段落——拳击场马塞尔比赛。这个段落中画外铺陈着Piaf满怀深情的歌曲*Mon Dieu*，整首歌曲同马塞尔的拳击竞赛一路同行——“上帝啊，我的上帝，让他留在我身边，只要再多一点时间”。盈盈情愫将两人的感情戏推向高潮，而迎接他们的，就是悲剧。马塞尔飞机失事段落处理得尤为精彩，长镜头几个来回表现充分实在，而之前铺垫她幻觉他来到自己身边，她为他送来早餐，更同后面悲惨的消息形成对比，给人巨大的冲击，女演员的表演更是使得这个段落催促着眼泪和心灵的震撼，这个段落结束在女演员面对镜头从悠长的房间走向镜头，悲痛着穿越狭长的走道，颤抖着直到延伸至舞台的前端，意向优雅而又哀愁。

1951年的一场车祸使她染上吗啡，而之后形成药物依赖，当然，这也是她生命提前终结的原因之一。两次婚姻，一次是和同行的歌手Jacques Pills，1956年他们离婚；第二次，她的丈夫只有二十六岁，这个男人陪伴她直到生命尽头。1960年，在她的身体已经不能经受巨大的演出考验之时，她争取却又要几乎放弃她在奥林匹亚的演出，经纪人给她推荐了一首歌，黑暗的房间，她仅是听了几句，双眼就放出惊异的光彩，她激动地说，这首歌我等待寻找了一生，说的就是我，就是我的生活。就是这首歌，让她最后一次站在舞台，迎来满场的掌声。

影片对于最后一场演出的处理实属上乘，导演将临终的回想，同上台前她片刻独自的宁静，以及一次海边的采访交叉剪辑于一处呈现，临终时怀念此生的美好与遗憾，还有最后一次的荣耀，加上简单清静自我讲述的对此生的看法，融合出无悔而又激情满怀的女性歌手的生命终结。

在最后一次登台之时，她戴上自己的十字架，颤巍着缓缓步出，追光灯铺陈上她的脸庞，仍然还是那个Piaf，台下掌声雷动，画外却是那采访的结束：

“要是您给女人一些建议呢？”

“去爱。”

“那年轻的女孩儿呢？”

“去爱！”

“那孩子呢？”

“去爱！”

在灯火通明的舞台上，她带着几许疲惫而又镇静的脸上，浅浅地扬起微笑，等着下面逐渐安静下来，跟乐队指挥点了点头，开始最后一次歌唱。

“要是您给女人一些建议呢？”
“去爱！”

一个女人

或许是因为一部电影，我想说说我的姑姑。

她喜欢书，喜欢音乐；她字体清秀，如她本人；她笑起来有种淡淡的美，但有时再想想，也有丝牵强的幸福；她很虔诚，尤其是对爱；她是个理想主义者。

她，已经不在了。

我仍然能够记得知道那个消息的清晨，依稀中我听到父母在说话，他们手里拿着一封信，那时候还是电话刚开始盛行的年代，我还在清晨的倦意中，好不容易的一个假日，不必在寒冷的冬日离开一夜刚好温暖的被窝——南方的初冬，接着母亲的声音贴近我的耳边，她轻轻地说，姑姑走了。我猛然坐起，不知道应该如何表示对于此事的态度，母亲他们没有留给我反应时间便往门外走——他们还有好些事情要处理。我一个箭步冲了上去，搂住母亲痛哭起来，那时候我经历着什么，让我在一瞬间有那样的悲恸，我也不太明白，仅是哭过了，心里沉沉的，但却是空了。

那几年，家里相继有两位老人去世，我也逐渐懂得何为死亡，何为终结，何为最后的告别。可我和姑姑未曾有过生离死别，要往回推算，也是她临终前的几年，那些日子，是在她开始漂泊之前的最后定居生活。她常来我家，有时候带来我爱吃的沙拉，有时候带一部电影。那时还没有DVD，录像带也是奢侈的，我记得她很爱看《活着》。

姑姑的不辞而别是突然的，她决定要远行，要离开，她怀疑周围所有的人，感觉大家都对她有所看法，她曾对母亲说，你们都在背后说我。母亲再三劝阻，以我快要中考为由，一再挽留，可最终也没有将她留下来。还记得最后一次她来我家，进门就将盛着土豆沙拉的塑料盒放在厨房的冰箱上，临走时对我说，好好学。

这兴许就算最后的离别？我不太理解，甚至有些日子，她对于我来说仅只是一片空白。

直到过了好些年，那时候，我正历经一场“自我焚毁”的爱情，完全地毫无保留地将自己投入了进去，爱得发疯，就在此时，在一次陪伴父母故地重游的旅途中，我终于了解到了姑姑的一些故事。

父母年轻时候，因为家庭出身的缘故，都要上山下乡，他们分别到了这个偏远的文工团，但也正是因了那个时代，文工团集结了一大帮优秀的青年人，其中很多到现在仍然是活跃在艺术界的分子——这是后话。姑姑，当然，也在其中。母亲是在芭蕾舞团，父亲是乐团的小提琴首席，姑姑因为从小学习钢琴，给舞团做钢琴伴奏。

她的爱情也就在此时萌发，和乐团才华横溢的指挥。这感情是默默的，母亲说很长时间她和父亲都是不知道的，后来有些察觉，找她谈，她也避开了话题。那个男人是有家的，可姑姑奋不顾身，投入地将自己陷在其中。

事情就是在这个时候突然发生的，指挥虽然才华出众，但因脾气急躁，为人处事也常欠妥，在团里自然树起了不少敌手，他们暗自寻觅着机遇要将他整下去。是的，这时候我的姑姑成了他们的靶心。

他们是在一次约会时被抓到的，从琴房的窗外照射进手电筒的光束，门，惊惶地被撞开了。众人站了进来。那个时代，对于“第三者”根本就是不齿，还不说是否宽容，或者衡量利益得失再去定夺，没有，什么都没有，公安局通宵地审问折磨着他们。他，自然是保留了自己的完全，而姑姑，为了袒护他的名誉，一口承认是自己的错误。

这就是她的初恋。

直到这么多年以后，她的朋友说起来，还都惊叹一个女人在那个时代竟然有如此的勇气站到男人的前面说，这事与他无关。我趁着她们喝茶停息的功夫走了出去，外面是十月初秋的空气，淡淡地飘洒着一些凉风和西北特有的味觉，那些画面尚未褪色地呈现在我眼前，一阵感怀的潮湿涌了上来，模糊一片。

她后来谈过恋爱，但他们好像都不令她满意，仅是过客。

再后来，她独自生活，做一些音乐的研究。她的精神状况逐渐出现了问题，恐怕是郁积已久的苦痛，她疑心左右旁人，对待周围也有些变化。

她最后选择了一次旅行，据我所知，她回到了那个有着自己初恋的地方，还同他见了面，他们的谈话怎样开始，怎样结束，我无从知晓，仅能了解的是，恐怕这导致了她的终途。

她跳过两次海，这是她临终前给我们寄来的信里提到的，第一次她被一个好心人救了，可心灰意冷，仍然没有人能够改变她的坚决，她给家人写了几封必要的信，然后，回到海边，走了进去。信里还说，她太倒霉，让我们将她的物品都烧掉，唯恐自己那些背运传给整个家庭，传至亲人。

好几年过去，当家人都可以承受这份意外的离去时，我们决定为她选择一块墓地，直到这时，我才发现她的遗书，仓促，沉静，却又是绝望的字迹。可在那一瞬，我突然感到她那一生都盈满的对生活的期待，对爱，对感情，对归属，对音乐，她从未要放弃，而最终却是精神的崩溃使她选择远离。

她其实曾是那么热情地憧憬。

我爱她，在那些岁月辽远的声迹消失的尽头，我终于仿佛是握住她即将冰凉的手指，我终于仿佛望见她浅淡的笑容，我终于仿佛就要对她开口——前面是海，静静的，静静的，没有打扰。

她就在那儿，她从未离开。

Benjamin先生，请收下我的情书

/ 附

给亲爱的Benjamin先生:

在有你之前，我是不知道星空的意义的。

当然那时我并不知情。

我只是很忙碌，三顿饭并作两顿，夜里回到家倒头就睡，第二天醒过来又开启一天的忙碌。日子就像流水，偶尔略有甜点、探戈、电影，回家的路上看着窗外灯火阑珊有时空乏，却，毫不知情。

是的，我这么过了很长的时间，直到有一天，你来了。

第一次抱你的时候，全世界的轻柔和沉重都集中在你小小的身体里，有一种神奇的香味，旁人都觉察不到，可我就是能够有知觉，好像是我们之间微妙的小秘密。护士笑着对我说，看他多像你。我看到的却跟这个没有关系，你看着我的眼神像花开时候阳光安慰过的清晨，时光在这里停留。

我花了很长的时间来端详你的脸，你的头发，你笑起来嘴角的弧线，你温柔时候的沉醉；哭了的时候，用力嘶吼，像对我说话我却听不见的忧愁。

那时候日子很慢，我甚至怀疑过分针有没有错，每一天每一分我们都在一起，是不是黏腻得太过分了？抑或，在你来到我身边之前，我虽然爱过，却不懂得世界是如此深情？

每一天，每一小时，每一秒，就像是人在山中忘不见浮云变幻的模样，云开了，雨来了，又走了，暮色降临，日子停在所有跟你微笑的时刻。看你一点一点地成为一个人，爬行，站起来，跳跃，奔跑，就如一次创世纪。

我就是这样学会重新来看人间的。

花朵有了意义，颜色成了丰盈的路边伴侣，鸟类的名字我需要跟你一起学习，从它们的第一声鸣叫中找到旋律。万事万物都从你这里开始变化，仿佛回到了所有的第一课，而这一次，是跟你一起。

从晨光里推着婴儿车同你散步，到夜晚一起在马路上散步；从你咿咿呀呀的表达，到遣词造句；从那首一次次哼唱的晚安曲，到你随口转出的旋律，像是牵着时光温柔的手指行走了那么一阵子，停下来看时，风起，这才发现好像有很长的日子过去了。

夏目漱石说向一个人表达爱，便说今晚月色真美，你倒也有这般相似的情操。记得一岁半的一天半夜，你突然清醒，问了半天才知，你是想再望望月光。我伫立在你身后，望着那个窗前月下的小小身影，久久眷恋，人说传神也不过如此，我的灵魂都在你那里，没有丝毫被时光偷走碾磨折叠，只有沉淀。

也不知过了多少日子，我已忘了你看月光这事，是一次偶然的差旅，我在异地，天空深邃，黑夜无尽，我望着遥远不可止息的星球之外，想念你。
沉静而不寂寞，整个宇宙的黑夜都被充盈填满，因为爱你，因为想念着那个小小的人儿，那个终究会变得伟岸的身体，曾经在我的怀抱里。我在空荡的室外，呼吸着风，一切声响都是你的，又都不像是你的，它们围绕着我，同我一起看着星星。

而就在那一刻，我才知道，我的生命，用了多长的时间在等着你，等着你慢慢地走到我的生命里。

而就在那一刻，我才知道，我的生命，用了多长的时间在等着你，等着你慢慢地走到我的生命里。

亲爱的Benjamin先生：

妈妈已经有好几个月没有安静下来给你写一封信。
好像每天都很匆忙，匆忙到都没有时间思考这一天是怎么过去的，它就已经成为历史。

我总是担心不在你身边的那些时刻，担心你的需要我没有满足就离开了，担心你想念我又没法找到我，担心你偷偷地伤心又不愿意让我知道，后来我发现这都是我自己的投射，你是开朗的，虽然我离开的时候你会有点不愉快，但很快就过去了，有你爱的公仔和玩具在家里陪着你，有广阔的世界等着你去探索，还有耐心的阿姨等待着你的呼唤，你只是希望我可以再多待一会儿，就一会儿。

妈妈不是个有足够安全感的人，不过现在这一点也不是那么重要了，重要的是你，给了我一些能量，从你幼小的灵魂里，发出某种富于冲击力的电波，让我每每被你照耀时都会望见一个逐渐更新的自己，那个怕黑，即便愿与孤独为友但依然寂寞的小女孩慢慢在消失，一个坚定柔软的女人在道路尽头。

人生很长，当你蹒跚的时候一定会有某些时刻会这么想，当我看着你咿咿呀呀开口说话时也觉得惊异，我的人生就这样被延长在了你的身体里，某些时刻，你就是我，甚至你就是我的灵魂中的某一部分，那些微妙的相似，总是让抱着你的瞬间都显得太迅速了，我想要升格，慢一些，让你耳边脖颈里的味觉缓慢地散发到我的鼻尖，到我的嗅觉记忆里，你转头望着我的那一刻，可以无休止地延绵，到我的灵魂深处。

我懂得了一些事。

这是我必须跟你分享的。

你就快要一岁半了，你会兴高采烈地跟我表达你喜欢的一切，而就在这时，妈妈也开始明白，离别是一件必要的事。

如果你要飞翔，如果你要走得更稳，如果你要与这个世界平等交谈，那么你最重要的就是明白，这个世界总有一些时刻是不尽人意的，总有一些时刻是充满疑惑的，也总有一些时刻是无法面对的，就让它们在那里，不要慌张地回避，也不必说“我都做好了，你们来吧”这样的话，你只需要静静地望着它们，给自己一点时间，等安宁到来，等焦虑过去，并且，永远记得：我，你的妈妈会在那里等待着拥抱你，就像每一个我们共度的日夜，永远。

图书在版编目（CIP）数据

优雅的节点 / 罗思著． -- 北京 ： 北京时代华文书局， 2018.3
ISBN 978-7-5699-2044-4

Ⅰ．①优… Ⅱ．①罗… Ⅲ．①随笔－作品集－中国－当代 Ⅳ．①I267.1

中国版本图书馆CIP数据核字（2017）第314896号

优 雅 的 节 点

YOUYA DE JIEDIAN

著　　者｜罗　思

出 版 人｜王训海
选题策划｜陈丽杰
责任编辑｜陈丽杰　汪亚云
封面设计｜尚燕平
版式设计｜孙丽莉
封面摄影｜赵一文
责任印制｜刘　银　范玉洁
团购电话｜010-64269013

出版发行｜北京时代华文书局 http://www.bjsdsj.com.cn
北京市东城区安定门外大街138号皇城国际大厦A座8楼
邮编：100011 电话：010-64267955 64267677
印　　刷｜固安县京平诚乾印刷有限公司　0316-6170166
（如发现印装质量问题，请与印刷厂联系调换）
开　　本｜880mm×1230mm　1/32　印 张｜7　字 数｜140千字
版　　次｜2018年3月第1版　印 次｜2018年3月第1次印刷
书　　号｜ISBN 978-7-5699-2044-4
定　　价｜45.00元

优雅的节点